Nation's Choice in Fiscal System:
Modernization, Publicity, Equalization,
Legalization and Moralization

马洪范/著

现代财政制度

——『四化一知』的国家选择

经济科学出版社
Economic Science Press

图书在版编目（CIP）数据

现代财政制度：“四化一知”的国家选择/马洪范著.
—北京：经济科学出版社，2015.4
ISBN 978 - 7 - 5141 - 5483 - 2

Ⅰ.①现…　Ⅱ.①马…　Ⅲ.①财政制度 - 中国 - 通俗读物
Ⅳ.①F812.2 - 49

中国版本图书馆 CIP 数据核字（2015）第 065196 号

责任编辑：范　莹
责任校对：郑淑艳
责任印制：李　鹏

现代财政制度
—— “四化一知” 的国家选择

马洪范　著

经济科学出版社出版、发行　新华书店经销
社址：北京市海淀区阜成路甲 28 号　邮编：100142
总编部电话：010 - 88191217　发行部电话：010 - 88191522
网址：www. esp. com. cn
电子邮箱：esp@ esp. com. cn
天猫网店：经济科学出版社旗舰店
网址：http://jjkxcbs. tmall. com
北京盛源印刷有限公司印装
710 × 1000　16 开　14 印张　20 万字
2015 年 4 月第 1 版　2015 年 4 月第 1 次印刷
ISBN 978 - 7 - 5141 - 5483 - 2　定价：38. 00 元
（图书出现印装问题，本社负责调换。电话：010 - 88191502）
（版权所有　侵权必究　举报电话：010 - 88191586
电子邮箱：dbts@ esp. com. cn）

自　序

这本书是博士生导师留给我的命题作文。

2005 年的秋天，在美丽的沈阳见到了我的博士生导师鲁昕老师。那一天，鲁老师在异常繁忙的情况下，抽出近两个小时给我谈博士生的学习与研究。我记得非常清楚，开始谈话的时间是上午十一点半左右，结束谈话的时间在下午一点以后，正好是鲁老师午饭和午休的时间。

在这一次谈话过程中，鲁老师向我提出博士三年研究的目标：如何实现中国财政制度的现代化。这一命题的提出，源自于鲁老师对国家命运与财政事业的长期关注和深入思考，具有极强的理论价值和重要的现实意义。财政制度的现代化，是我国财政改革与发展的生命线，攸关国家兴衰及人民福祉。2013 年秋，在我看到党的十八届三中全会决议中"建立现代财政制度"八个大字之时，既激动万分，又愧疚难当。激动的是，鲁老师早在八年之前，即已提出这一历史性课题；愧疚的是，我没有听老师的话，未能在博士毕业之际写出这篇论文。

2007 年 5 月 1 日，父亲的突然离世，彻底改变了我的人生。思念常伴清泪淌，悲痛阵阵断肝肠。子欲养时亲安在？不是故乡是梦乡！此时，我才意识到孝养双亲比什么都重要。在随后的日子里，我尽可能把更多的时间用于陪伴比父亲还要年长的母亲，工作、学习的步伐慢了下来。在财政制度现代化的研究任务面前，我的学识与能力非常匮乏，穷三年之努力，也难以交出一份合格的答卷。在征得老师同意的前提下，我以绩效预算信息论为题，写作完成了博士论文。然而，鲁老师提出的研究任务，我始终未敢忘怀！

这本书是先讲出来而后整理写作而成。

近十年间，我多次受邀请在清华大学、中国人民大学、中央财经大学、北京国家会计学院、地方财政厅局及众多市县政府为基层领导干部解读财政改革与发展。课堂上，我结合宏观经济形势与财政工作实际，融入了财政制度现代化的学习、调研与思考，得到了强烈反应和广泛共鸣，也使我获得了更加广泛的工作经验和更加真切的心得体会，渐渐形成了"四化一知"（现代化、公共化、均等化、法治化与理财良知）的理论构想。

2012年12月至2013年12月，我入选中组部、团中央第13批博士服务团，赴江西省挂任赣州市市长助理。这一年，我从北方来到南方，从中央单位来到地方政府，从理论研究岗位来到基层实践一线。工作中，我坚持历史与现实相结合、政策与业务相结合、理论与实践相结合，深入赣州下辖18个区县调查研究，为深化"四化一知"的理论与政策研究提供了第一手的实践经验。

党的十八届三中全会之后，中国财政制度现代化进入新的发展阶段。2014年6月30日，中央政治局审议通过了《深化财税体制改革总体方案》，拟定了2020年基本建立现代财政制度的工作目标与具体任务。2014年8月31日，第十二届人大第十次会议审议通过了关于修改《中华人民共和国预算法》的决定。伟大的实践呼唤科学的理论，也为理论的形成提供了肥沃的"土壤"。在国家法律、中央决议的精神引导下，在学界前辈、各位方家的思想启发下，"四化一知"的政策体系构建成型。

这本书是反思历史与服务现实的独立思考。

自1840年至今，我们国家走过了175年，迈出了三大步。第一步是1840~1949年，用了109年时间，把外国入侵者从中国国土上赶出去。怎么实现的？走农村包围城市的道路，建立了新中国。没有一本教科书提出"农村包围城市"，那是毛泽东的发明创造，实现了马克思主义的中国化。

第二步是 1949～1978 年，用了 30 年时间，完成了中国工业化的原始积累。怎么实现的？通过"剪刀差"体制解决了工业化的资金来源。没有一本教科书提出"剪刀差"的概念，那是中国人民汲取世界经验之后创造出来的，用"工业剪农业、城市剪乡村"的无奈之举，奠定了中国工业体系的基础。

第三步是 1978～2012 年，用了 30 多年的时间，实现了中国城市化的原始积累。怎么实现的？通过"土地财政"提供了相当大比重的资金来源。没有一本教科书提出"土地财政"，那是中国人民在当代的发明创造，其发端于 20 世纪 80 年代中后期，成熟于 90 年代末期，虽然积累下不少隐患，但历史功绩不容抹煞，没有"土地财政"就没有今天的城市化。

自党的十八大胜利召开至 2049 年，将是中国近代 200 余年发展史的第四步，在这 30 多年的时间里，需要我们创造性地探寻通往现代财政之路，全面实现中华民族的伟大复兴。第四步怎么走？一定不是简单地从教科书或国外经验照抄照搬，必须是运用我们自己的智慧，实现现代财政理论的中国化，才能引领我们走向新的成功。

国之基，在民；政之基，在财。于我而言，力虽小，但愿实坚，希望能为国家和人民贡献自己的绵薄之力。同时，也祈愿天下志士仁人携起手来，共同努力推动我国早日建成现代财政制度！

谨以此书献给过去、现在及未来致力于中国财政现代化的人们！

马洪范

2015 年 2 月 1 日

目 录
Contents

导论　现代财政的逻辑与战略

党的十八大以来，习近平总书记代表国家最高领导层提出一个"中国梦"、"两个一百年"奋斗目标、"三个不变"战略判断，以及全面深化改革总体部署等一系列新目标新判断新思想。落实上述要求的总枢纽是完善和发展中国特色社会主义制度，推进国家治理体系和治理能力现代化。财政作为国家治理的基础与支柱，正面临着建立现代财政制度的重要任务，客观上需要梳理近代中国的发展变迁，探寻现代财政的历史逻辑，挖掘财政现代化的动力之源，科学制定中国财政制度现代化的战略路径。

一、近代中国的发展脉络

1840 年是中国近代史的起点。时至今日，已经过去了 175 年，中国经济社会发展走过了三个历史阶段：一是大衰败；二是大动荡；三是大发展。

1. 大衰败

1840 年以后，清朝饱受鸦片战争、第二次鸦片战争、中日甲午战争、日俄战争、英法联军侵入北京、八国联军再侵入北京，一次接一次的失败；《南京条约》《天津条约》《北京条约》《瑷珲条约》《马关条约》《辛丑条约》，一次接一次的屈辱。直至1911年爆发辛亥革命，没多久，晚清灭亡了。

从1840年到1911年的71年时间里，我们也有中国梦。林则徐最早提出"师夷长技以制夷"，未能成功。后来，李鸿章提出"以夷制夷"，用外国人制约外国人，这是一种不得已的梦想，依然未能成功。

在这71年大衰败过程之中，社会走向动荡，不仅有外患，还有内忧。体制内统治集团在解决外患问题上步步退却，但是在解决内忧方面还很有力量，在付出沉重的代价之后，最终平定了太平天国运动。但如何把外国入侵者赶走，始终是民族的噩梦。最终的结果是，体制内的力量解决不了，就会有体制外的力量崛起。晚清政权的覆灭，是必然的结局。

2. 大动荡

1911年辛亥革命开启了大动荡时代的到来。没多久，北洋军阀开始崛起。1927年以后，蒋介石国民政府虽然形式上统一了中国，实质上仍然是四分五裂、各自为政。1949年毛泽东主席领导全国人民建立了新中国，国家开始重归一统。但直到1978年，大动荡的局面才真正结束。

新中国成立以后，自1958年开始，出现了经济上的大动荡——"跑步进入共产主义""大跃进""以钢为纲""多快好省建设社会主义"，由于这些运动违背了经济发展规律，最终是良好的愿望未能变成现实。从1966~1976年，十年"文化大革命"是全面的社会动荡，由于违背了社会发展规律，最后以国民经济几乎处于崩溃的边缘而结束。

在近70年的动荡时间里，我们也有中国梦。第一个梦想是赶走外国入侵者，1949年我们做到了。新中国成立以后，"超英赶美"成为新社会的梦想，而且是"一万年太久，只争朝夕"。愿望非常好，精神状态非常好，但是方式、方法超越了客观规律，最终没能成功。

在大动荡的过程中，经济社会也有发展。第一次历史机遇，是第一次世界大战爆发后的10年，西方资本主义列强陷入了内战，中国国民经济得到了快速发展。第二次历史机遇，是新中国建立以后的10年，国民经济从战争创伤中迅速恢复。但在1958年以后，经济社会发展格局的动荡因素始终未得消除。

近70年大动荡的历史告诉我们，有梦想很好，但是实现梦想的方式、方法一定要尊重客观规律，不能超越客观规律。否则，一定会受到规律的惩罚。

3. 大发展

1978年党的十一届三中全会之后，邓小平同志率领全国人民开启了大发展的新时代。迄今为止，已经过去了一个30年。2009年之后，中国进入了改革开放的第二个30年。经过持续不懈的努力奋斗，经济社会发展取得了辉煌的成就。近代170多年来，从没有像现在这样，如此接近民族复兴的梦想。

2013年7月16日《参考消息》（第14版）刊登了西班牙中国问题专家胡利奥·里奥斯的一篇短文，他在文章中提出："中国希望促进发展和现代化，结束19世纪鸦片战争以来的衰弱周期，最终目的不是机械地移植美国，或者西方的做法，中国梦是成为中国自己，中国必须走自己的道路，而且需要面临道路尚未建成的额外困难"。

西班牙中国问题专家的见解，对于我们理解与认识"中国梦"极具启发与借鉴意义。"中国梦"就是成为中国自己，不是成为美国，也不是成为苏联，更不是成为日本，而是要成为更强大的自己,这是"中国梦"的真谛所在。如果说张三做了个梦,第二天醒来变成了李四,那将是非常可怕的结局,做这样的梦也是没有任何意义的。

怎样成为更强大的自己?我们应当看到,大发展中隐藏着不容忽视的危机,还有四大问题亟待解决:一是公平收入分配;二是维护生态环境;三是应对外部挑战;四是重建中国文化。这四个问题如果得不到及时有效的解决,我们将没有办法成为更强大的自己。

二、两个层面的现代化

"中国梦"的提出,源于"现代化"三个字;"中国梦"的实现,也离不开"现代化"三个字。"现代化"这个概念,大家都很熟悉。新中国成立以后,最早是周恩来总理代表国家最高领导层提出工业、农业、国防和科学技术"四个现代化"。2013年,习近平总书记提出新中国的第五个现代化,"国家治理体系与治理能力的现代化"。第五个现代化与前四个现代化的区别之处非常明显,它不能像前四个现代化一样在车间里面生产出来。从根本上讲,"四个现代化"是生产力的现代化,第五个现代化是生产关系的现代化。"中国梦"的实现,不是几个现代化的问题,而是能不能实现两个层面的现代化的问题,一是生产力的现代化;二是生产关系的现代化。

1. 生产力的现代化

自新中国成立至今,我们为"四个现代化"付出了巨大的努力,也取得了巨大成就。1959年,成功发现并开采了第一个世界级大油田——大庆油田;1960年2月,第一枚火箭发射成功;1964年10月,第一颗原子弹爆炸成功;1970年4月,"长征一号"运载火箭成功发射第一颗人造地球卫星"东方红一号",同年第一艘核潜艇下水;1963 年,童第周克隆鲤鱼成功;1965 年,人工合成结晶牛胰岛素成功;1973 年,袁隆平培育出第一代杂交水稻品种"南优二号";1978 年,汉字激光照排研制成功。经过新中国第一个 30 年的努力奋斗,在强敌环伺的环境中,建立了门类齐全、独立完整的现代工业体系,把中国从地地道道的农业国建成为世界第六工业大国、第三军事强国。

改革开放之后,中国生产力的现代化得到进一步的提高与发展。1983 年,"银河－Ⅰ"巨型计算机诞生;1992 年,"银河－Ⅱ"型计算机研制成功;1997 年,运算 130 亿次／秒的"银河－Ⅲ"计算机研制成功;2003 年,"神舟"五号载人飞船把杨利伟送入太空并返回;2008 年,第一条时速 350 公里、具有完全自主知识产权、世界一流水平的高速铁路——京津城际铁路通车运营;2010 年中国经济总量首次超过日本,成为全世界第二大经济体;2012 年,中国主要工业产品中粗钢、煤炭、发电量、水泥、化肥、粗布等产量位居世界第一,主要农业产品中谷物、肉类、籽棉、花生、甘蔗、茶叶、水果等产量位居世界第一;①2013 年 9 月,中国工业生产总值首次超过美国,成为世界第一生产制造大国。这些都是生产力的现代化所能取得进步的具体体现。

2. 生产关系的现代化

除了生产力的现代化,还有一项很重要的任务,是生产关系的现代化。马克思告诉我们,生产力决定生产关系,但是生产关系可以反作用于生产力。在生产力的发展进程中,如果生产关系不能同步实现现代化,将成为生产力进一步发展的阻力。

---

① 国家统计局编:《2014 年中国统计摘要》,中国统计出版社 2014 年版。

康乾盛世（1684～1799），是中国1949年以前的最后一个盛世。欧洲经济史学家安格斯·麦迪森[①]，根据中国的史料，运用GDP等现代概念，做了一项研究。他提出，康乾鼎盛时期中国的GDP占世界总量的比重约为40%左右；到了1820年，鸦片战争前20年，中国经济实力下滑了，但依然高达33.4%；又过了20年，在1840年英国人开始侵略我们的那一年，中国的GDP占世界总量的比重下滑到了28.9%。[②]

但是，大家知不知道，中国2010年的GDP占世界总量的比重是多少？只有9.5%，2012年中国GDP占世界总量的比重也仅仅10%多一点点。现在，美国是世界上唯一的超级大国，它的GDP占世界总量的比重约为20%。

我把两组数据提供给大家，一比较就会提出一个问题，1840年我们被英国人侵略的时候，好像不比今天的美国差。但是，为什么1840～1949年的100多年近代史，告诉我们的是一场悲剧，我们为何落后，因何挨打？

---

① 安格斯·麦迪森（1926～2010），出生于英格兰纽卡斯尔。1953～1962年，担任OECD的前身OEEC经济部主任。此后，他离开OECD，参与了20世纪研究基金会及哈佛大学发展顾问服务计划的研究工作。1971年，返回OECD发展中心主持其中央分析部的工作。1987年，被聘为格罗宁根大学的经济学教授，创立格罗宁根增长与发展研究中心，领导了"国际产出与生产率比较"（LCOP）研究计划，其创建的"麦迪森数据库"惠及很多研究者。代表作有《世界经济千年史》《世界经济千年统计》等。

② 安格斯·麦迪森对中国经济史的研究成果，在国际社会及国内学术界影响广泛。2014年1月，《环球时报》曾刊载《清朝GDP世界第一为何忽悠了我们》，对麦迪森的观点提出质疑，"英国学者麦迪森，他的一项推测称，1820年中国GDP占全球总量的33%（英国为5.2%），他的论述被专业人士普遍认为不严谨。但在中国，很多非专业人士看重这种说法对思想的启发性，加入传播行列，最终导致舆论场对它深信不疑"。笔者无意于争论麦迪森论点的科学性，只是借助他的数据反思近代中国由强转衰败，直至挨打的历史现实。

"五四运动"① 给出两个答案，一是因为没有科学，二是因为缺少民主。我认为，这是问题的答案，但绝对不是答案的全部。因为我们至今都缺少一个专业的视角反思耻辱的近代史，这个专业就是财政。

我们被西方列强侵略的时候，我们是世界上最有钱的国家，人口最多②的国家，国土面积最大③的国家。我们有人、有钱、有物，但是不能转换成保卫自己民族独立、国家安全、人身和财产安全的实力。换句话说，生产力没有实现现代化，而在生产关系（财政）领域，"有财不会理、有财理不好"的问题非常突出。

3. 财政的现代化

1949 年毛泽东带领我们建立了新中国，中华民族进入一个新的历史时代。对于近代的落后挨打，毛泽东在 1963 年做过深刻反思，他认为：从 1840 年到 1945 年，全世界几乎一切大中小帝国主义国家都侵略过我们，除了最后一次抗日战争我们胜利了，其他的都失败了，原因有两个，第一是社会制度腐败，第二是经济技术落后，我们应当以可能挨打为出发点来部署我们的工作，力求在一个不太长久的时间内改变我国社会经济、技术方面的落后状态。④

---

① "五四运动"是 1919 年 5 月 4 日发生在北京以青年学生为主的，广大群众、市民、工商人士等共同参与的反对帝国主义、封建主义的爱国运动。

② 据《清实录》记载，顺治十八年（1661 年）人丁户口为 1.91 亿人，康熙六十年（1721 年）为 2.54 亿人，乾隆五十六年（1791 年）突破 3 亿人，道光二十一年（1841 年）突破 4 亿人，成为世界第一人口大国，约占当时世界人口的 1/3。

③ 康乾鼎盛时期的清代中华版图，东临鄂霍次克海，南极曾母暗沙，西南界喜马拉雅山，西达葱岭，西北至巴尔喀什湖，正北跨大漠，东北跨外兴安岭直至库页岛，疆土面积 1300 多万平方公里，比今天 960 万平方公里国土多 1/3。

④ 毛泽东：《把我国建设成为社会主义的现代化的强国》，选自《毛泽东文集》（第八集），人民出版社 1999 年版，第 340 页。

现在大家读到这段话，时间过去了半个多世纪。我们的制度不能讲腐败，不科学的地方有没有？经济管理技术落后的因素多不多？毛泽东主席提出的两个层面的原因，迄今仍有许多问题有待于解决。但是，我们却发现，今天很多领导干部已经忘掉了"可能挨打"这个出发点来部署我们的工作，忘掉了要在一个不太长久的时间内改变中国经济、技术方面的落后状态，尤其是在生产关系的现代化这个层面，有些因素成为阻碍生产力现代化的力量。

关于近代为什么落后挨打，黄仁宇①先生在《万历十五年》这本书中也反思过，他提出来的观点是一个新的视角，他认为，问题的根源在于我们是一个不能在数目上管理的国家。他发现，时常侵略别国的国家，大多实现了"数目字管理"，而没有"数目字管理"能力的国家，常常被有这种能力的国家所侵略。

在我看来，"数目字管理"是指整个社会资源均可如实以数字计算，并能完整记录，进而可以自由流动和交换的管理系统，其关键点是信息。20世纪90年代中国启动了"三金"工程（"金税""金卡""金关"）；2000年以后启动了"金财""金保"等十几金工程。为了这些工程，相关部门及预算单位花了数千亿的财政资金，买了很多硬件、软件，要干什么呀？就是要建立一种依托于现代信息技术基础之上的"数目字管理"能力。我们花了很多钱，十多年过去了，二十多年过去了，这种能力有没有形成？客观讲，依托于现代信息技术基础之上的"数目字管理"能力，至今仍然没有全面形成。

① 黄仁宇（1918~2000），曾从戎于抗日战争和国共内战期间的国民党军队，后赴美求学，密歇根大学历史博士，以"大历史观"（macro - history）的倡导者而为世人所知。著有《万历十五年》《中国大历史》等书。

我们虽然知道了努力的方向，但做的依然不够。要实现"中国梦"，首先必须认清自己的历史。"中国梦"之所以提出来，恰恰是因为我们没有实现现代化，而实现"中国梦"最关键的途径，就是要把没有实现现代化的生产力和生产关系都要与时俱进地改革和完善。这其中，实现财政制度的现代化，是一项艰巨而重要的历史任务。

三、国家视角下的财政变迁

奥地利经济学家约瑟夫·熊彼特①在研究西方国家财政、政治历史变迁轨迹后提出：财政不只是简单的技术或工具，而是塑造现代国家的利器，有什么样的财政就有什么样的国家；财政塑造着现代经济、社会文化与价值、有效率的官僚体制、特定的国家与社会的关系，与此同时，也塑造着这个国家的人民。熊彼特的财政观为我们认识财政制度变迁提供了一个崭新而有益的视角。

1. 新中国财政制度的三次飞跃

综观人类社会发展史，我们发现：常常是有什么样的国家，就有什么样的财政。换句话说，封建国家对应着王室财政，资本主义工业化国家对应着资本主义财政。然而，在国家由传统社会走向现代社会的过渡时期，财政往往作为先行力量成为塑造国家的利器，而后在现代国家成长阶段成为稳定和完善国家治理的基本工具与基础保障。因此，从根本上讲，现代国家的建立肇始于

———————

① 约瑟夫·熊彼特（1883~1950），是一位有深远影响的奥地利政治经济学家，移居美国后，一直任教于哈佛大学。其终生与凯恩斯之间的"瑜亮情节"是经济学研究者中的一个热门讨论题目，虽然他的经济学说并不如凯恩斯在生前就获得很大的回应，但研究者都认为他对于经济学科的思想史有着很大的贡献。

9

现代财政。

当前，中国建立现代财政制度目标的提出，即源自于现代化国家的建立与发展。1840 年以后，近代中国的百年屈辱遭遇，打破了 2000 余年传统社会的稳定结构，开启了国家被动现代化的帷幕。在此过程中，财政制度的发展见证与推动了国家的成长。在新中国成立之后，以"国家分配论"①为指导建立与实施了生产型财政制度体系，财政成为国家计划的基本手段，奠定了国家自立的经济基础。改革开放以后，财政成为经济体制改革的突破口，并于 1992 年之后以"公共财政论"②为指导建立与实施了调控型财政制度体系，财政成为政府宏观调控的主要工具，健全了经济社会发展的政策调控系统。

任何一个现代国家的建立，其内容都不会局限于生产、调控等特定领域，而是经济、社会、文化、政治等力量的综合成长。以党的十八大为标志，现代化建设进入"五位一体"的新发展阶段，在十八届三中全会做出的全面深化改革的系统部署中，财政被提升至关乎"完善和发展中国特色社会主义制度，推进国家治理体系和治理能力现代化"的战略高度，党和国家对财政的理解从现代生产、宏观调控扩展至国家治理，建立治理型财政制度体系，使财政成为"国家治理的基础和重要支柱"，是当前中国现

① "国家分配论"是新中国传统财政理论的主要流派，以马克思主义国家学说为依据，通过层层"剥笋"式的剖析，揭示出财政与国家之间所存在着的本质联系。其基本观点：(1) 财政随国家的产生而产生，财政与国家有本质的联系；(2) 财政参与社会总产品与国民收入的分配；(3) 财政是以国家为主体的分配关系。

② "公共财政论"是关于"市场财政"的理论认识。由于存在市场失灵的状态，必须靠市场以外的力量来弥补公共产品的不足或空白，这个市场以外的力量就是政府。而政府提供公共产品的领域只限于公共服务领域，具体界限的划定显然不能由政府自己来划，由立法机关进行立法规范便成为必然的选择。公共财政的本质不在于"市场失效"这一经济逻辑起因，而在于"预算法治"和"民主财政"的政治实质内涵。

代化建设的客观需要，是中国财政制度改革发展的又一次重大飞跃。

2. 现代财政制度的兴起

从历史上看，现代财政制度起源于西方工业化国家。1688 年英国"光荣革命"①之后，在议会的主导下，废除包税制②、建立财政预算和专款专用等制度，实现了由王室财政向近代国家财政的转变，并拉开了建立与工业文明相适应的现代财政制度的帷幕。大约百年后，英国初步搭建了现代财政的制度框架。在 1787 年，以往采用的极为复杂的专项收入用于专项支出的制度宣告终结，取而代之的是国库单一账户制度，在账户统管的基础上，实现了财政收支的全面陈述和集中控制，为形成完整的政府预算和更高层次上的统筹运用开辟了道路。

1948 年，中国著名经济学家马寅初在《财政学与中国财政：理论与现实》一书中提出"一切收支均应集中统一于金库，凡政府之支出，均应由金库直接拨付"；"一切收入，均集中于一处，而后公库主管机关方能酌盈剂虚，通盘筹划，以维持收支之平衡，而使各机关无苦乐不均、恩怨不分之感"；"况力量集中，即有不足，以整个统一的机构去筹措，亦比较分立的机构各自去筹措，容易得多"。这是中国人第一次自己提出现代化的财政制度理念。只可惜，这次历史机遇与我们擦肩而过。这一次错过，足足让我们等待了半个多世纪，直到 2001 年才迎来第二次历史机遇，驶上财政制度现代化的轨道。

---

① 1688 年，英国资产阶级和新贵族发动的推翻詹姆斯二世的统治、防止天主教复辟的非暴力政变。这场革命未有流血，因此历史学家将其称之为"光荣革命"，君主立宪制政体即起源于这次光荣革命。

② 包税制是古代的一种税收制度，即由官府测算出该集市年应收税总数，让当地大商人出钱承包，然后大商人再向商贩征收，以其收入作为补偿。

历史经验和客观规律告诉我们，所谓现代财政，是与国家现代化相适应的财政制度类型，其关键要素在于正确处理政府与市场、政府与社会、政府层级之间的三重关系，使各类市场主体可以在全国范围内公开公平地开展竞争，各群体成员可以在全社会获得公平、正义的有效保障，各层级政府实现责权利的科学配置，进而为一切劳动、知识、技术、管理、资本等生产要素的活力竞相迸发创造良好环境，最终使得一切创造社会财富的源泉充分涌流，让发展成果更多更公平地惠及全体人民，全面实现国家经济、政治、社会的现代化。

3. 现代财政成长中的困难

任何一个国家的现代财政之路，都不是笔直的平坦大道。财政制度现代化的进程无不充满着坎坷、曲折，乃至反复与退步。经过长达数百年的持续努力，英、美等西方发达国家率先建成各具特色的现代财政制度。理论上，从亚当·斯密①的"廉价政府论"，到凯恩斯②的"政府干预论"，再到贝弗里奇③的"福利国家论"，形成了多维视角下的财政认识论。制度上，强调权力制衡、民主决策与科学管理，建立了全覆盖、全过程的财政制度体系，在推动经济增长与发展、调节收入分配及维护社会稳定等方面发挥了重要作用。

---

① 亚当·斯密（1723~1790），首次提出了全面系统的经济学说，为该领域的发展打下了良好的基础，他的《国富论》是现代政治经济学研究的起点。

② 约翰·梅纳德·凯恩斯（1883~1946），现代西方经济学最有影响的经济学家之一，他创立的宏观经济学与弗洛伊德的精神分析法和爱因斯坦的相对论一起并称为20世纪人类知识界的三大革命。

③ 威廉·贝弗里奇（1879~1963），福利国家的理论建构者之一。他于1942年发表《社会保险报告书》，也称《贝弗里奇报告》，提出建立"社会权利"新制度，包括失业及无生活能力之公民权、退休金、教育及健康保障等理念，对当代社会福利政策及健保制度深具影响。

从中国现实情况看，建立现代财政制度尚面临着诸多困难与挑战。税收方面，税制结构不够完善，税收调节分配的功能偏弱，税收法治化程度亟待提高，税收制度在推动科学发展、实现公平正义、促进统一市场建设等功能作用尚未充分发挥出来；预算方面，完整性、科学性、严肃性不够，财政资金的安全性、规范性、有效性保障不力，预算监督与问责薄弱，软预算约束普遍存在；体制方面，中央与地方事权与支出责任划分不清晰、不规范、不合理，转移支付制度不健全、不完善，地方政府债务风险不容忽视，"土地财政"可持续能力令人担忧，不利于推进基本公共服务均等化及地方经济稳定有序健康发展。

英、美等国的历史经验和马寅初的理论见解，我们很容易短时读懂学会，但现实问题的逐一解决，还需一步一个脚印地去落实。

四、现代财政的大国战略

中国是世界性的大国。从人口规模看，位居世界第一；从国土面积看，位居世界第三；从历史长度看，是延续5000多年从未中断的唯一古文明国家；从影响力看，已经成为全球经济增长的主要引擎，是国际政治中的重要一极。何谓大国？大国之大，本不在面积和人口，而在于实力和影响！

党的十八大报告明确提出，"两个一百年"奋斗目标，到2020年全面建成小康社会，到2049年建成社会主义现代化强国。中华民族伟大复兴的"中国梦"，同时也是洗刷近代百年耻辱、重新成为大国强国之梦。财政是"庶政之母"，是国家治理的基础和重要支柱。党的十八届三中全会决议进一步提出"深化财税体制改革，建立现代财政制度"，迎来了新一轮财政改革与发展的战略机遇期。解决我们自身问题的根本出路，是在大国战略的引领下建立现代财政制度。

1. 建设现代化的财政

大国财政是现代化的财政。今天的时代是工业文明的时代，时代方位决定了我们要建设的大国财政必须是与工业文明相适应的财政。建设现代化的财政，如同建设一栋现代化的大厦，首先要打好地基；其次要在地基上树立支撑整个大厦的支柱。现代化的财政"大厦"的地基是信息，而在这个地基之上，需要筑牢六根支柱：一是权力；二是利益；三是制度；四是技术；五是组织；六是文化。这"大厦"的七个要素，是实现财政现代化的基本渠道。

2. 建设公共化的财政

大国财政是公共化的财政。社会与经济协调并行发展，这是大国财政的本质属性。新中国成立后的第一个 30 年，国家财政的资金、资源集中投向国防和基础工业，解决了中华民族的生存问题；第二个 30 年，国家财政的资金、资源在保障吃饭等基本需求之外，主要投向经济建设领域，解决了国民经济的发展问题。当前，已经进入第三个 30 年，国家财政的资金、资源在保障基本需求和经济发展之外，迫切需要投向公共服务领域，为经济发展积蓄更大的动力，促进经济结构优化及可持续发展，努力实现社会安全、稳定与繁荣。

3. 建设均等化的财政

大国财政是均等化的财政。实现全民的共同富裕和国家的永续发展，这是客体方面的基本需求。邓小平同志在改革开放之初提出两个大局观，首先是一部分人先富起来；其次是先富帮后富实现共同富裕。现在，第一个大局实现的比较好；第二个大局实现的不是很好。什么样的中国，才是均等化的中国，才是"美丽中国"？一是实现公共服务的均等化，特别是基本公共服务的均等化；二是实现横向的区域均等化；三是实现纵向的政府间均等化。实现上述三个均等化，实质是建立一种覆盖全社会的共富机制，这是中华民族永继发展的最佳途径。

4. 建设法治化的财政

大国财政是法治化的财政。财政收支能够规范运行和有效管理，这是过程管理的客观需要。国家经济发展和社会进步都需要资金的支持，但财政的钱毕竟是有限的，只够吃饭，建设怎么办，说到底还是要靠财政以外的融资工具。在现行经济社会发展格局和事权财力配置格局没有实质性改革的情况下，地方政府基本形成了地方债、城投债、银行信贷和公私合作"四位一体"的融资格局。从历史上看，政府债务是财政体制变迁和财政制度创新的动力源。政府融资管理看似一个金融问题，实质是国家财政问题，必须予以高度重视。我们要懂得"伤于财政，毁于金融，祸及社会"的历史规律，国家财政和政府融资管理都要走法治化的规范发展之路，这是未雨绸缪和防控风险的唯一正确道路。

5. 建设良知财政

大国财政一定是有良知的财政。没有"灵魂"的财政注定无法实现善治，这是大国财政必备的主体条件。鸦片战争以后，我们被外国侵略，反思过来，反思过去，得出了技术、制度及文化落后于西方的结论。所以，洋务运动提出"中学为体，西学为用"，开始学习西方；"新文化运动"时，干脆打倒"孔家店"，开始抛弃传统文化。此后，掀起学习日本的高潮；新中国成立后学苏联；改革开放后学美国，学了几十年、近百年，学来学去，不知道自己的文化在哪里？不知道怎么去做自己？梦想有用吗？只有将现代工业文明与优秀传统文化有机结合起来，弘扬与树立一种有良知的理财文化，才能在继承中发展壮大自己，也才能够为现代化的财政治理奠定更牢固的社会基础。

五、现代财政制度的历史意义

吸收西方国家的有益经验，建立适合中国国情的现代财政制度，最终超越资本主义国家的财政制度，对于实现"两个一百年"奋斗目标及中华民族伟大复兴的"中国梦"具有多方面的历史意义。

1. 为国家治理体系建设提供有力保障

国家是财政的主体，而财政又是国家获得和巩固其合法性的基础。财政职能发挥的好坏，关乎国家治理能力是否到位、水平是否先进。财政现代化的程度，体现着国家治理现代化水平的高低。实现了财政现代化，就奠定了国家治理体系和治理能力现代化的坚实基础。

2. 为建设法治化国家开辟道路

现代化的财政必定是法治化的财政，作为确立财政运行规则的财政法律体系，其价值不仅仅在于其是政府理财之法，更多地在于其是规定和调整各种经济关系的基础法，是治国理政之法。实现了财政的法治化，可以将各种财政权力关入制度的"笼子"里。

3. 在全面深化改革中发挥基础性作用

财政是以国家为主体的分配活动，是全面深化改革的突破口。通过完善立法、明确事权、改革税制、稳定税负、改进预算制度、建立事权和支出责任相适应的财政体制、发挥中央和地方两个积极性等一系列财政改革，可以为规范政府与市场、政府与社会、中央与地方等重要关系提供基础性制度安排。

4. 有效提升中国参与全球治理的能力

在经济全球化的背景下，各国财政政策的协调是一国财政政策有效发挥作用的重要条件。通过区域性财政政策协调机制、国际上双边或多边对话通道，以及建立新的国际协调框架或平台，可以为中国经济发展、综合国力的提升营造积极而稳定的外部环境，有助于更好地利用两个市场、两种资源，进而参与全球治理，推进构建全球政治经济新秩序。

第一章　现代化与财政治理创新

现代化①是人类社会近代以来发生的最为重大的变化，首先是在西欧少数国家，率先实现了从农业社会向工业社会、农业经济向工业经济、农业文明向工业文明的转变，继而扩展至全世界，绝大多数国家或主动或被动地卷入其中。财政与国家具有天然的紧密联系，国家的现代化客观上要求财政的同步现代化。可以说，财政治理创新是近代现代化背景下一个永恒的话题。

一、案例中的现实与评价

中国是被动卷入现代化的潮流之中，经历了"百年屈辱"，于1949年新中国成立之后，开启了主动现代化的历史征程。经过65年的艰苦奋斗，特别是改革开放以来的快速发展，取得了举世瞩目的经济成就。然而，也有许多问题值得深思。当前，在财政治理领域，存在着诸多现实难题，亟待我们采取积极稳妥的

---

① 一般而言，现代化包括学术知识上的科学化、政治上的民主化、经济上的工业化、社会生活上的城市化、思想理念的自由化和民主化、文化上的人性化等。

措施予以解决与完善。

1. 理财观层面的一些误区

看不见、摸不着的东西，有时恰恰是最重要的。2012 年 7 月 21 日，北京下了一场特大暴雨，70 多人失去了生命。2011 年 6 月 23 日，北京也下了一场大暴雨，5 人因雨丧生。在离我家不远的一座立交桥下，轿车被淹没，通行被积水阻断。暴雨中，北京地铁的部分出入口，变成了瀑布。暴雨过后，地铁的运营有没有受到影响，电器线路有没有损毁？地铁公司没有公布，媒体也没有跟踪。

今天，一座座现代化的城市在全国各地拔地而起，许多现代都市都曾在暴雨中变成"海洋"。我把这样一件事实提出来，是想请大家思考一个财政问题，城市地下排水网管系统是使用财政资金建造的，地铁也是国家的钱建造的。财政资金花完了，绩效怎么样？事实表明，不像我们想象的那么乐观。绩效低怎么办？财政资金怎样才能花的有效？全社会都要思考和想办法解决这个问题。

汪中求在《细节决定成败》一书中讲述了十多年前发生在上海的一场暴雨。暴雨过后，2 号线地铁被淹，而 1 号线地铁一滴水都没有进。为什么？因为德国人设计的 1 号线地铁出入口有三级台阶，我们自己设计的 2 号线地铁出入口没有这三级台阶。当然，你现在去上海，所有的地铁出入口都有了三级台阶。在付出巨大代价之后，2 号线地铁做了"亡羊补牢"式的补救。2 号线地铁被淹后，电器线路损毁，又花了大量资金进行改造。如果有机会去上海，我建议你去坐一坐 1 号线和 2 号线地铁，仔细比较两者设计上都有什么差异？三级台阶只是许多差异当中的一个。

走在地铁站里，我们不禁要问：为什么德国人这样设计，为什么我们不这样设计？我的结论是，德国的地铁工程设计师不仅是建筑工程设计人员，还是为政府理财的重要责任主体。他在设计地铁工程之初，就考虑到工程建成之后如何节省运营与维护的成本和费用。我们的建筑工程设计师，很多都仅仅是建筑工程设计人员，很少甚至不去考虑工程设计中应当承担的理财责任。

西直门立交桥是北京市二环路西北的一座交通枢纽。1999年建成后，这里成为全国知名的堵车地点，曾被网民公选为全世界第九大建筑奇迹①。很多公车司机和私家车车主经过这座桥的时候，容易迷路或走到错误的出入口。走了错误的出入口，意味着要开出很远，才能掉头回到正确的路上来，意味着要掏更多的油钱和花费更多的时间，所以经常有司机在过桥时骂一句"谁设计的这座桥"。西直门立交桥24小时车流不断，有多少人骂这座桥的设计师，我们无法获得确切的数据，恐怕是个天文数字。有人讲，你骂设计师，他（她）也听不到，有什么用啊？我总觉得那么多人在暗暗地咒骂一个人，总不如有许许多多的人在怀念或感恩一个人好。

上述事实告诉我们，无论是谁，只要是使用财政资金，就有为政府理财的责任和使命。没有尽到自己的理财责任，迟早会被钉在历史的耻辱柱上。当前的现实是，这样一种科学的理财观还没有在全社会普遍建立起来。看不见、摸不着的理念，每天都在产生许多看得见、摸得着的悲剧，这是财政治理创新要着力解决的首要问题。

2. 桥梁建设资金的使用

2011年的7月15日凌晨1点45分，40岁的夏权斌驾驶超载

① 2009年10月，在人民网强国社区论坛上，关于在西直门立交桥容易迷路的老话题被重新提起。有网友称其为"世界第九大奇迹"，有网友欲组织"西直门一日游"。2014年11月19日，CCTV新闻频道吐槽北京西直门立交桥成了司机的迷魂阵。http://bbs1.people.com.cn/postDetail.do?id=95329477。

货车，趁着夜色从杭州市区往南开往郊区。经过钱江三桥时，为避让突然出现的桥面裂缝，夏往左猛打方向盘，因载重过大，车尾右甩，砸在了护栏及裂缝处。99.9吨重量的卡车，最终连同桥面预制板一起坠落①。钱江三桥出事，没有出乎业内人士的预料。虽然此次事故地点是南引桥，但1993年开工建设的这座大桥，自1997年1月建成通车以来，有关主桥质量的质疑就不绝于耳。这座由同济大学设计、杭州市交通局代建的大桥，总投资6亿元，主桥工程由湖南省路桥建设总公司承建，曾一度号称是"浙江首座具有世界先进水平的现代斜拉索桥梁"。

当然，桥梁垮塌已经不是什么新鲜事了。自2007年至今，近50座桥梁自己垮塌掉了，有被超载的货车压塌的，也有被鞭炮炸塌的。同样是在杭州，由茅以升主持设计，于1937年9月26日建成的钱塘江大桥超期服役20多年，虽经战争炮火的损毁，至今仍能安全通行。为什么在改革开放后越来越富裕的今天，我们建造的现代化大桥自己垮塌掉了？是建桥的技术水平下降了吗？我思考后认为不是建桥的技术水平下降了，而是理财的漏洞太多，应该用于建桥的资金未能真正用到桥梁建设中去，是理财能力下降了！如何保证建桥的资金真正于桥梁建设中去，现实亟待财政治理创新，才能避免此类悲剧的再次发生。

3. 教育经费的使用

2013年全国财政收入12.9万亿元，其中有2.2万亿元用于教育支出。2万多亿元教育经费钱花的怎么样？社会舆论评价说，"造人"的水平不如"造楼"的水平高。优秀毕业生和大师级教师的多寡，是衡量教育经费绩效水平的重要指标。

———————————

① 吕明合、胡清，《钱江三桥坍塌，意料之中？》，载于《南方周末》2011年7月22日。

2010 年 10 月至 2011 年 6 月，药家鑫案轰动全国。西安音乐学院的大三学生药家鑫开车撞伤了张妙，一看没撞死，他掏出刀子捅了八刀，把这个女子捅死了。2011 年 6 月 7 日，药家鑫被执行死刑。那一天，是中国高考的日子，厦门大学易中天教授晚上睡不着觉，在博客上发了一篇短文，反思药家鑫案。药家鑫作为高考的成功者、受益者，最终被选择在高考的第一天执行死刑，是一种偶然吗？药家鑫害死了张妙，谁又把药家鑫变成了凶手？易教授的结论是当前的家庭和学校教育害死了药家鑫，"全天下的家庭和学校无不普遍地希望孩子'成龙''成凤''成材''成器'却不讲'成人'"。①

易中天教授是文学家、历史学家，他的这一解释可以转换成财政的专业语言。财政是服务全社会的综合部门，社会上发生的任何事情，都可以从财政视角认识与解读。现实中，每一个家庭和学校都拿出大量的资金，用于"成龙""成凤""成材""成器"的钱很多，但用于"成人"的钱却非常少。支出结构错了，最终的结果一定好不了。教育经费怎么花，才能真正提高学生的思想道德水平和专业技能？这是财政治理创新需要回答的现实问题之一。

4. 办公用房修缮预算审核

2004 年，北京市 360 多家预算单位向市财政局提交了办公用屋修缮预算申请。这些信息最后汇总到财政局"一把手"的办公桌前，局长在思考一个问题，财政干部如何核批他们的预算申请？在此之前的核批办法是纸面审核，预算单位提出需要 80 万元的维修专项资金，财政干部认为用不了那么多，40 万元就够

---

① 《谁把药家鑫变成了凶手？》，易中天新浪博客，http：//blog. sina. com. cn/s/blog_ 476e068a01017bba. html。

了。预算单位据理力争适当提高预算资金规模，双方最后以 50 万元成交。在此过程中，预算单位的领导与财政局核批预算的负责人仅仅是通电话或见面商谈。

北京市财政局局长认为这种审核办法既不科学，也不精细，显然有一个更好的审核方法，那就是请专业的技术、工程、财务人员进驻现场评审，提供一个第三方概算。既然有了更好的办法，北京市财政局决定马上实施，就从这 360 多个房屋大修项目入手，组织相关专业、技术及财务人员，进驻相关单位现场审核。

在北京，找专家不是一件困难的事。专家队伍组建之后，按照有关单位提交的预算申请书，评审人员首先要找到准备维修的楼房在哪里？结果在北京的地面上找不到这家单位要修的那栋楼。换句话说，楼都没有，向财政要钱修楼。这是去现场看了，如果不去现场，究竟需要多少钱？又真正有多少钱用于房屋修缮？都是一个未知数。

这件事发生在北京，说明全国都有。这是财政治理的源头，分配环节出了问题，最终的使用结果也一定有问题。这种现象该怎么杜绝？如何堵住这些资金的漏洞？需要创新财政治理！

5. 公共账户的管理

财政部门要管好钱、用好钱，我认为有一个前提，就是必须管得住账户。在现代市场经济条件下，财政资金以账户的形式存在。管不住账户，就一定管不好财政资金。我们管账户的水平怎么样？2001 年国库集中收付制度改革以前，管账户的水平不是很好。很多单位的负责人都不知道本单位有多少个账户，也不知道具体有多少钱。

2000 年夏天，我曾经历过一件事，带给我刻骨铭心的记忆。一位做财务主管的朋友告诉我，他有一次在财务室的柜子里意外摸到一个存折，打开一看，里面有 5 万元存款，再仔细一看，是十年前某同志存的。存完钱，存折放哪了？有没有这 5 万元钱？都被遗忘了。十年后，碰巧摸到这 5 万元的存折，终于重见天日。这位朋友告诉我这件意外的收获之后，哈哈大笑起来，笑的非常开心。他的笑声是迄今为止我所听到的最开心的笑声。如果你没有亲身经历过类似的事，你肯定笑不出来。

2003 年 7 月我的硕士研究生学习就要毕业了，研究生部要求我们在规定的时间离开学校。记得那是一天上午，我在整理衣物时，手不知不觉中伸入一个不常穿的裤子口袋中，令我惊奇的是，竟然摸出 500 元钱。当拿到这 500 元钱的时候，突然想到了那位做财务主管的朋友，想到了他为什么笑得那么开心。我也笑了，我不仅笑了，而且下了一个决心，今天花不完这 500 元钱是不能睡觉的，好像这 500 元钱不是我的。我的经历告诉我，如果账户管理落后，一定会带来这种花自己的钱就像花别人的钱一样快乐的感觉，只是这种快乐是虚幻的。

国库集中收付制度改革以后，国库账户管理的规范化程度大幅提升，但是还有许多账户管理问题没有得到有效解决。众所周知，在国库账户以外，还有数量庞大的各类财政专户；在财政专户以外，还有数不尽的"小金库"。特别是"小金库"，能不能消除干净，需要客观、辩证地去看待，要从实际出发来做工作。账户的规范管理，是国库制度改革的大势所趋。你掌控不住账户，就永远掌控不住资金，这是国库集中收付制度改革最有意义的地方，也是阻力最大的地方。可以说，公共账户是财政治理的重要对象与载体。

6. 支付环节的不安全

支付是财政治理链条末端的一个重要环节，如果管不好，也会出大事的。1998 年 5 月 18 日，佛山市石湾区财政局原预算科科长罗斌挪用财政预算资金 270 万元，通过拨款方式贪污财政预算资金 1.56 亿元。在 1988～1998 年，罗科长家中进账接近 2 亿元。他的贪污方式极其简单，简单到绝大多数人可能想不出来。他虚构了一家事业单位，每年为这家单位编制预算，然后执行预算。他本人是预算科长兼国库科长，自己编预算，自己执行预算，最后把近 2 亿元财政资金执行到自己家里去了。罗斌案件[①]的发生，直接推动了国库从预算中分离出来这项改革。

2006 年春天，天津海事法院程伟案件[②]轰动全国。在 1997～2006 年，天津海事法院普通会计程伟挪用、贪污财政预算资金 1000 多万元，法院执行款 9000 多万元。又是一个十年，程伟与代理国库商业银行的领导及经办人员合谋，骗取巨额财政资金。其中的五年，天津海事法院推行了国库集中收付制度。程伟案的发生表明，国库集中收付制度可以消除一部分腐败，同时又能引发新的腐败。国库集中收付制度不具有天然反腐败的职能，需要健全制度设计，防范预算单位与代理国库商业银行的合谋腐败。

2008 年 12 月 23 日晚，湖北省潜江市财政局国库收付中心会计樊红潜入办公区，盗开了 5 张金额共计 800 万元的支付凭证，并于次日上午用其中两张支付凭证从潜江市国库集中收付中心的银行账户中转 380 万元、200 万元至私人账户中。2009 年 1 月 28

---

① 《佛山市检察院公布的职务犯罪案件简要案情》，载于《广州日报》2003 年 4 月 9 日。另外，《法制日报》1999 年 8 月 9 日和 12 月 15 日报道了罗斌案件的详情。

② 2006 年 4 月 17 日出版的《财经》杂志披露，2005 年年底至 2006 年春节前，天津市第二中级人民法院先后公开审理了 4 起涉嫌贿赂的刑事案件；而将 4 案串在一起的一个核心人物，正是半年前出逃后被拘捕的 36 岁的程伟。这个曾被同事称为"有能力，有前途"的年轻人，涉嫌挪用公款、贪污和行贿三项罪名，涉案金额合计高达 1 亿多元人民币。

日，樊红在武汉落网①。案发后，财政部领导进驻湖北潜江，寻找国库盗窃案的原因。经检查发现，一些管理细节上的漏洞，为樊红的犯罪提供了机会：工作人员将保险柜钥匙、空白支付凭证、法人印章等随意放在不上锁的抽屉里，专用电脑和保险柜不按规定设置和更新密码。蚁穴虽小，可以溃堤。支付环节的安全，容不得一丝一毫的麻痹大意。

7. 政府采购中的腐败

1996年，政府采购制度在深圳、上海两个城市进行试点。时至今日，已在全国建立政府采购制度。18年来，社会对政府采购的评价可谓是毁誉参半，批评者提出政府采购从分散腐败走向集中腐败，值得全社会关注与反思。

不容否认，全面消除政府采购中的腐败问题，是健全政府采购制度的必然选择。这项制度最早诞生在英国的1782年。据史料记载，英国建成政府采购最初的30年，也出现了类似我们今天的集中腐败。30年后，英国政府采购中的集中腐败被有效消除。集中腐败并不可怕，可怕的是对集中腐败无动于衷。

近些年，人民艺术家们根据他们对政府采购的理解绘制了一些讽刺漫画，我看后认为艺术家就是艺术家，多是看到了表面，没有看到深层次的东西。深层次的问题是什么？举个例子，大家有没有坐过高铁，如果没坐过，一定要创造机会去体验一下。我们买个二等座上车即可，在车上，一定要去商务舱观光席坐一会儿。商务舱车票价格不比飞机票便宜，经常是空着的。如果有人管，不让坐，就离开，反正没有人打你。高铁上观光席VIP座椅

---

① 2009年2月1日，搜狐网转载了《武汉晚报》报道，潜江国库580万被盗案告破，嫌犯樊红落网。http://news.sohu.com/20090201/n261996686.shtml。

的采购价格是 16 万元/个①，那是我有生以来坐过的最贵的一把椅子，可以买一辆不错的家庭轿车了。

我曾在这张座席上琢磨过很长时间，什么椅子值这么多钱？最后的研究结果是，无非是能够放倒当一张床。一张床，也不至于 16 万元吧？更重要的问题是，这些钱都是通过招投标专家签字后花出去的，是合法的腐败，更是对社会财富的肆意掠夺。客观地讲，高铁对中国经济社会发展产生了巨大的促进作用，但高铁中的腐败问题也是相当惊人的②。

当前，全社会对政府采购制度产生了种种疑问。价高质劣、后续服务差、围标、抬标、陪标等现象普遍存在。事实昭示我们，需要采取妥善措施去解决这些问题，才能真正建成科学、高效、廉洁的政府采购制度。

8. 丢失了"灵魂"的政府预算

新中国成立以来，特别是改革开放以来，我国政府预算管理制度取得了非常了不起的进步。但是，如果从发展的角度看，依然存在着一些问题亟待解决。

如果把预算比喻成一个人的话，我们的预算是个残疾人。换句话说，政府预算不完整，有相当大的一部分资金游离在预算之外。残缺还不是最可怕的，比残缺更可怕的是没有"灵魂"。预

---

① 据财新网报道，一个自动洗面器 7.2395 万元，一色理石洗面台 2.6 万元，一个感应水阀 1.28 万元，一个卫生间纸巾盒 1125 元，2.2 万元一张的单人座椅，6.8 万元的冷藏展示柜……这些令人咋舌的价格，不是来自北京、上海的某个高档别墅，而是动车。财新记者辗转获得的南车采购目录《CRH2 型动车组配件供应商名录》，包括 3000 多种动车所需物料的编号、名称、图号、规格、销售价及含税销售价、供应商名称。http://www.ycwb.com/ePaper/jyzk/html/2012－02/24/content_ 1330625.htm。

② 2014 年 12 月 16 日，被外界称为"高铁一姐"的丁书苗，因行贿罪和非法经营罪，被北京市二中院判处有期徒刑 20 年，罚金 25 亿元，没收个人财产 2000 万元。在高铁项目招标中，丁书苗通过刘志军干预或操纵招投标获取巨额利益。即便是大型国企想中标，也要将数千万中介费打给丁书苗的公司，才会如愿以偿。

算的"灵魂"是什么？这是财政治理需要思考与回答的一个根本性的大问题。政府预算是否有"灵魂"？如果有，它的"灵魂"是什么？现实中发生的一些真实的故事，对于正确理解这个问题很有启发。

2013年冬天，我在赣州市上犹江水电站参观调研，当地领导告诉我，2008年南方雪灾时，江西电网瘫痪了，赣州电网包括上犹县的电网也瘫痪了。但是，国家"一五"时期投资建造的上犹江水电站[①]，没有受到雪灾的影响，经受住了二百年不遇的暴雪的考验。改革开放以后建造的电网、电线杆，却在这一场雪灾当中倒塌啦！

为什么毛主席时代的电线杆经受住了考验，而新时代的电线杆没有经受住考验？如何从财政治理的角度来回答这个问题？问题的根源在于，今天政府预算部分资金的"灵魂"飞走了。飞到哪里去了？不知道！党的十八届三中全会提出建立现代财政制度，就是要把这个"灵魂"找回来！

如果有时间，我们可以研究更多的财政治理问题。不过，上述八个方面的案例足以说明问题了。借用朱镕基总理提出来的一个概念"豆腐渣"工程、"王八蛋"工程，到底有多少？怎么预防？怎么消除？这是需要我们迫切回答与妥善解决的现实问题。归根结底，是我们的财政治理太粗放了，在政府间财政关系、财政与部门之间的关系、预算单位内部的财务管理等诸多方面远未实现现代化，特别是在第一财政之外，还存在着第二财政、第三财政，甚至第四、第五……名义上的财政是统一的，实质被肢解

---

① 上犹江水电站是中国最早的坝内式厂房水电站，位于江西省赣州市上犹县。大坝坝型为空腹重力坝，最大坝高67.5米。厂房设在大坝坝体内，长75米，宽11.4米，高12米。坝顶设5个溢洪孔口，采用自满鼻坎挑流消能。安装4台1.5万千瓦机组，总容量6万千瓦。1955年3月开工，1957年11月投入运行，1961年5月全部建成。

的七零八落。不解决财政治理中存在的这些问题，财政资金的安全性、规范性和有效性将永远无法得到良好的保障。

二、历史的经验与启示

任何时代的政府理财，表面上理的都是钱，实际上理的是人性。我们今天遇到的这些问题，古人也遇到过，外国人同样遇到过。然而，我们的祖先不仅知道有"豆腐渣"工程，而且还知道如何消除"豆腐渣"工程。学习历史的经验，对于有效解决这些治理难题大有裨益。

1. 刘晏造船的无奈之举

这是唐朝史料记载的一个真实故事。安史之乱结束的第二年，唐代宗任命刘晏①为御史大夫兼安徽、河南以东赋税、运输及粮储的最高经济负责人，要求他在最短的时间内建造两千艘急需的大型运输船。古代财政的一项重要工作是漕运，即收储、调度和运输粮食。原有的运粮船在八年战争中被焚毁了，现在战争结束了，漕运工作成为经济社会恢复重建的头等大事。刘晏经过预算建造每艘船需要花费 500 缗，但是他拨下去的造船费用是每艘 1000 缗。

消息传开以后，这一做法引起不少大臣的质疑和非议，认为刘晏劳民伤财，不会理财，有些大臣甚至到皇帝那里告他的状。在一次朝会上，唐代宗问刘晏，有没有这样做？为什么这样做？刘晏回答说，确实是这样做的。为什么这样做？是为了长远打算。

---

① 刘晏（715~780），中唐杰出的理财家。760~779 年，他主管全国财政工作达 20 年之久，在盐政、漕运、赋税、铸币、平抑物价等方面进行了一系列的财政经济改革。

刘晏告诉皇帝，造船的银子在西安，造船厂在扬州，造船的经费从西安拨付到扬州造船工匠的手中，要流经很多个环节，每过一个环节都被刮一层皮，我只能保证最后一个环节造船工匠能拿到50%的银子，我预算500缗，拨下去1000缗，我可以保证造船工匠一定能拿到500缗，正好是最初的预算金额，造船工匠一定可以造出来优质的国有资产。如果预算500缗，拨下去500缗，那最后一个环节可能只能拿到200缗，200缗的经费怎么能造出500缗的船？

唐代宗是一位非常了不起的皇帝，他马上做出决定，支持刘晏的做法，禁止其他大臣批评他、指责他。唐朝为什么能够称霸全世界几百年？是因为出现了伟大的理财家，同时也出现了伟大的政治家。唐代宗和刘晏的伟大之处在哪里？四个字，实事求是，他们知道从实际出发，而不是从自己的想象出发。

其实，刘晏的这一做法，是非常无奈的一种选择。通过这种方式，以最小的成本与代价，消除"豆腐渣"工程，对我们今天却深有启发。当前，我国财政资金在运行过程中，也是存在资金损失率的，我们不一定照抄照搬刘晏的经验，可以借助现代化的信息技术加强财政资金的适时监控，消除财政资金使用过程中的腐败行为。

2. 种世衡练箭的智慧

据宋史记载，在第二任皇帝赵光义年间，西夏开始崛起，元昊的骑兵经常骚扰宋朝的大西北，今天的延安一带。赵光义派种世衡①到延安市当军政一把手，要求他保家卫国。种世衡到了延

---

① 种世衡（985～1045），北宋边疆名将，种家将的开山人，大儒种放之侄子，种谔之父，种师道之祖父。种世衡重气节，有才略，为总领西北军务的范仲淹一手提拔。他通过招抚羌人，筑城安边，并巧施离间计，除去西夏李元昊的心腹大将野利旺荣、遇乞兄弟。

安以后，带领将士们在荒漠上筑营建城，清涧城平地拔起，即是今天的清涧县。他要抵御西夏骑兵的入侵，必须找到治本之策才行。治本之策是什么？经过深思熟虑之后，他得出结论，最好的办法是每个士兵和老百姓都会射箭，都有非常高的射箭本领。

大家想一想，还有没有比这更高明的政策？我认为没有了。毛泽东主席开展人民战争，建立了新中国；蒋介石只信任军队，结果败退到台湾岛。人民战争是历朝历代军事家反复运用的谋略，种世衡也不例外。如果每一个士兵和百姓都有很高强的射箭本领，那敌兵来了，大家也不必害怕。但是，这样一个很好的治本之策，在现实当中却很难落实。种世衡组建了教练队伍，发表过讲话，贴过标语，发动群众练箭。然而，听话的人是少数，不听话的人是多数。

这么好的政策落实不下去，种世衡很苦恼，如何让老百姓积极主动地学习射箭本领呢？经过反复思考，种世衡找到一个绝顶聪明的办法，他在自己的将军府的旁边开了一个靶场，靶场上树了很多靶子，靶子的靶心是银子做的，然后发布了一个告示，谁射中靶心，银子归谁。这个告示很简单，但收到的效果非常显著。

据史料记载，延安当地以及周边地区的妇女、儿童、尼姑、和尚等都加入了练箭的行列，不用政府提供教练、场所和器材，大家都自己找地方练习射箭，觉得自己水平高了，过来试一试。没射中，回去继续学；射中了，拿着银子高高兴兴回家了。时间一长，射中靶心银子的人越来越多，种世衡在银子重量不变的前提下，变厚变小，射中的人又少了。几个回合下来，当地老百姓和士兵人人善射。西夏历史也有记载，元昊后期不敢去延安。为什么不敢去？因为有去无回！

种世衡活到60岁就去世了，他是怎么死的？宋朝皇帝给他盖棺定论四个大字"国之劳臣",劳苦功高的"劳"。他是累死的,但不是打仗累死的,而是理财累死的。他每一笔钱都要花的有绩效,绞尽脑汁地去付诸实施,最后把自己给累死了。他是全世界第一个提出绩效评价和预算绩效管理的厅局级领导,比美国人早900多年,而且不遗余力去实践,结果把自己累死了。

我们今天也在开展绩效评价与预算绩效管理这项工作。我认为这项工作应该开展,但是绝对不能"大跃进"。因为很多地方并不具备开展预算绩效管理的充分必要条件,不仅有可能会累死人,而且花了钱、费了时、出了力,可能收不到应有的成效。财政资金的管理绝非把钱一拨了之,理财是门艺术,需要高超的智慧,才能真正把钱管好用好。

3. 赣州福寿沟的绩效

2010年5~9月,我国南方多省遭遇特大暴雨,降雨量一次次刷新百年纪录,广州、南昌、南宁等城市都成了一片泽国。而在这些城市中,三面环水的赣州城区却没有积水,市民生活丝毫不受影响。原因在于赣州老城地下有一套宋代修建的排水系统"福寿沟"至今仍在发挥作用,使赣州城能够在暴雨中安然无恙。

史料记载,在宋朝之前,赣州城也常年饱受水患。北宋熙宁年间(1068~1077年),一个叫刘彝①的赣州知州规划并修建了两个排水干道系统。因为两条沟的走向形似篆体的"福""寿"二字,故名福寿沟。福寿沟采用明沟和暗渠相结合,并与城区数百口水塘相串通的方式,既可避免沟水外溢,又可利用废水养鱼和种植水生植物,并在城墙脚下开设水窗12间,视江水之消长,利用水力使闸门自动启闭。福寿沟完全利用城市地形的高差,采

---

① 刘彝(1017~1086),字执中,福建长乐人,登进士,善治水,北宋熙宁元年任虔州(今赣州)知州,元祐年间调入京城任"都水丞"(今国家水利部副部长)。

用自然流向的办法，通过改变断面、加大坡度等措施，使城市的雨水、污水、泥沙自然排入江中。

时至今日，全长 12.6 公里的福寿沟仍承载着赣州旧城区居民的排污功能。有专家评价，以现在集水区域人口的雨水和污水处理量，即使再增加三四倍的流量，也不会发生内涝，古人的前瞻性真是令人赞叹。这一集生态和环保于一体的排水系统，是世界城市建设史上的奇迹。面对仍在造福后代的福寿沟，今天的很多城市管理部门，无疑是应该为之羞愧脸红的。

4. 明城墙的监督与问责

据明史记载，朱元璋当了皇帝之后，在建造南京城墙时，为了保证城墙的质量，他采取了分段包干的做法，每一段交由一个包工头负责施工建造，同时派一名政府官员做监工，负责质量。他自己是总监，经常带着侍卫，拎着一柄大锤，去检查工程质量。检查的方法很简单，拿锤子敲。哪个地方有空响，一定是偷工减料了，然后把这个地方砸开，把施工队负责人和监督官员的肉体填到空隙当中去。现如今，绝大部分南京明城墙被完整保留下来，如果考古队用 X 光探照一下，极有可能在城墙中发现人骨头，朱元璋完全干得出来这样的事！

今天，在很多城市遗留下来的古城墙的城砖上，都能看到清晰的铭文，写着在什么时间、什么地方、什么人烧制等信息，一旦有地方垮塌，马上能找到所有责任人。这是古代为了保障工程质量，为了追究相关人员责任而建立的问责机制。几年前，哈尔滨市阳明滩大桥的匝道倒塌了，却没有一个人为这座桥的倒塌承担相应的责任，这一现状非常令人痛心。

前面四个案例，是讲我们古人理财的智慧极其成功的地方。当然，古人也不是事事皆能成功，也有失败的做法，留给我们惨痛的教训。我国历朝历代的正史中都有一部分内容叫《食货志》，相当于现代财政金融史，记载了这个朝代是怎么理财、如何花钱的。我们今天遇到的政府理财难题，都可以在《食货志》中找到解决问题的答案。遗憾的是，很少有人去读古人留下的这些史书，我们把老祖先留给下来的理财智慧，都还给祖先了。鸦片战争以来，我们更多的是学习外国人的经验与制度。外国人的经验当然可以学，但绝不能照抄照搬，需要结合本国国情消化、吸收与创新，才能得出正确有益的结论。

5. 美国的政府预算管理

在美国，财政部部长签了字，钱出不了国库。美国政府财务管理不是"一支笔"制度，而是"两支笔"制度，必须要有第二个人的签字，国库才给予拨付。第二个人是谁？美国总统派在各大部委都有一个特派稽查员，这个人不在国库支付凭证上签字，国库不见特派稽查员的签字和印章，将拒绝支付。从法律上讲，这些特派稽查员只对美国总统负责，不对其他任何机构和个人负责。现任总统是奥巴马，前任总统是小布什。小布什离任时，各大部委的特派稽查员可能要"下岗"；奥巴马上台后，将把自己的人派进去，典型的"一朝天子一朝臣"。

美国不是没有人治，而是把人治和法治有机结合起来，以确保财政资金的安全、规范、有效。从根本上讲，人治和法治都是国家治理的工具，都不是十全十美，各具优点与缺点，无论哪一个，用在适用的领域可以发挥积极作用，用错了地方必然导致悲剧性的结果。

预算制度是财政治理的核心工具。美国预算编制的时间比我们长得多。在中国，预算编制的时间大约半年左右，最长也就是八九个月。美国预算编制时间是 24 个月，两年的时间里编制未来 3~5 年的滚动预算，年年修正。预算编好以后，接下来是预算审核。美国预算审核的时间也比我们长的多。美国法律规定预算审核时间长达 9 个月。没有 9 个月，政府预算是不可能被审批通过的。美国预算管理的做法我们能不能学？我不主张一定要学美国，但要清楚自己和国外的差距，知道中国政府预算管理与改革的方向。

6. 欧洲国家的预算信息公开

欧洲国家预算信息公开的经验，对我们很有启发和借鉴意义。以公车管理为例，欧洲国家的规定非常严格。据报道，德国卫生部长乌拉·施密特去西班牙度假，开着公车去的，结果公车被偷了。消息传到国内，老百姓没有心疼丢了一辆公车，而是批评这位部长，不是公务时间，没有资格开公车。更严重的是，这名部长涉嫌公车私用，对其所属的社民党推荐的总理竞选人弗兰克－瓦尔特·施泰因迈尔构成有力打击，影响到议会选举，以至于让全党不得不集中精力应付公车失窃案[①]。这件事影响到的不是一个人，而是一个党派。

无独有偶。1995 年，意大利锡耶纳市时任市长布赞卡因妻子搭乘其公务专车违法，被判入狱 6 个月。这些做法告诉我们，世界上还有如此严厉的公车管理做法。结合中国具体国情，我们不一定去照抄欧洲国家的经验，但走向预算信息公开透明已是大势所趋。

7. 日本政府预算管理的现代化

日本的预算管理经验，更能促使我们警醒。日本法律规定，1000 日元以上的支出要编预算，而且要公开。1000 日元能买什么东西？顶多买个西瓜，仅仅相当于几十元人民币。几十块钱要上预算，而且要公开，预算细化程度非常高。日本法律还规定，

---

① 2009 年 7 月 29 日，新华社刊文《德国卫生部长度假时丢车遭质疑》，详细报道了这一行为涉嫌公车私用，因而招致公众热议和批评。

公务人员侵犯国家或公共利益超过 5000 日元，就要被开除。5000 日元相当于日本一位中下级公务员两小时的工资，形象地讲，相当于 5 个西瓜。5 个西瓜也太容易吃掉了。更关键的问题是，日本这两项规定在 1894 年以前就已经成为法律了，已经执行了 100 多年。

晚清驻日公使参赞黄遵宪①在 1895 年出版了一本专著《日本国志》，他在书中告诉我们，日本在明治维新时期通过学习英国的先进经验，建立了现代化的政府预算制度，可以做到"预计一岁之入，某物课税若干，一一普告于众，名曰预算。及其支用已毕，又计一岁支出，某项费若干，某款费若干，亦一一普告于众，名曰决算。其征敛有致，出纳有程，其支销各有实数，于预计之数无所增，于实用之数不能滥，取之于民，布之于民；既公且明，上下平信"。②

我建议大家认真细致地把这段话读一遍，有两个目的！第一个目的，什么叫预算？什么叫决算？什么叫现代化的预算管理？日本的理解与做法和我们有很大的差异。第二个目的，政府预算的"灵魂"是什么？黄遵宪用八个字把他的理解告诉我们，就是"取之于民，布之于民"。做到这八个字，就可以做到"既公且明，上下平信"。如果没有布告天下的"布"字，后面的"公""明""平""信"都失去了依托和保障。在建设现代财政制度的今天，我们怎么找回政府预算的"灵魂"？如果离开"取之于

① 黄遵宪（1848～1905），晚清诗人、外交家、政治家、教育家，历任驻日公使参赞、旧金山总领事、驻英参赞、新加坡总领事、湖南按察使，被誉为"近代中国走向世界第一人"。《日本国志》共 40 卷 60 万字，是中国近代第一部系统研究日本的巨著。黄遵宪出使日本担任参赞官时，已是明治维新九年之后，他亲眼看到日本发生的巨大变化，促使他下决心撰写专著来改变中国人对日本的模糊和错误的认识。

② 黄遵宪著，《日本国志》（上卷），天津人民出版社 2005 年版，第 464 页。

民，布之于民"这八个字，"灵魂"是找不回来的，财政治理的现代化也不可能真正实现。

三、现代化的财政治理

从根本上讲，总结古人和外国人理财的历史经验，主要是为了解决当前中国财政治理领域存在的各种现实难题。从内容上看，中国财政改革的核心是实现财政治理的现代化。实际上，为了建立现代财政制度，广大志士仁人已经做出了难能可贵的理论思考与实践探索。

1. 第一次历史机遇

在中国，财政现代化的第一次历史机遇，是中国人自己创造出来的。1948 年，著名经济学家马寅初①提出了较为系统化的现代财政理念。

马寅初认为，"一切收支均应集中统一于金库，凡政府之收入，应由金库直接代理，凡政府之支出，均应由金库直接拨付""一切税款收入，大都由各征收机关向纳税人收取自行保管，然后汇解国库。一转手间，不免发生流弊""一切经费须由收入总存款拨入普通经费存款或特种基金存款后始得支出，而各机关接到支付书时，公库仅予以转账，由公库收入总存款项下拨入各该机关经费存款户，并不支付现金。至该机关有实际需要付款时，则以支票为之，由持票人向库兑取现金，如是支出机关由领到支

---

① 马寅初（1882～1982），著名经济学家、教育家、人口学家，1906 年赴美国留学，获耶鲁大学经济学硕士、哥伦比亚大学经济学博士。1915 年回国，历任北洋政府财政部职员、北京大学经济学教授、国民政府财政委员会委员长、经济委员会委员长。新中国成立后，历任中央人民政府委员、中央财经委员会副主任、北京大学校长等职。1960 年 1 月 4 日，因发表《新人口论》被迫辞去北大校长职务。

付书以至经费支出，始终不见现金，而舞弊者无可施技矣"。①

透过上述文字，我们可以清晰地发现，马寅初在 1948 年即已形成国库集中收付管理的思想，明确提出"一切国库资金应统一、集中存放""工资统一发放、银行代发""凡政府之支出，均应由金库直接拨付给各支用机关或约定债权人""支出机关由领到支付书以至经费支出，始终不见现金"等现代财政思想。这是中国人第一次提出现代化的政府预算及国库管理理念。可惜的是，由于特殊的历史原因，这次机遇与中华民族擦肩而过。这一次错过，足足让我们等待了半个多世纪，才迎来第二次历史机遇。

2. 第二次历史机遇

中国财政现代化的第二次历史机遇，是美国人在我们耳边悄悄地讲出来的，我们听到后把握住了这次机遇，正式开启了财政现代化的征程。

1994 年，上海市政府获得世界银行的一笔软贷款。在签署合同时，上海市领导发现世界银行提出一个非常奇怪的条件，即上海市政府在使用美元贷款购买商品或劳务时，如果超出一定的金额，需要通过政府采购程序购买，而且不用支付现金，只需要把供货商的银行账户提交给世界银行总部，由他们的工作人员从华盛顿直接把美元支付给供货商或劳务提供者。

在当时的上海，预算单位采购商品或劳务的通行做法是自行采购、现金支付，世界银行贷款协议中的关于购买与付款方面的规定不符合中国的实际。在拿到贷款协议文本之后，上海市相关领导亲自咨询了国家财政部部领导，请求提供能否签约的意见建

---

① 马寅初著：《财政学与中国财政——理论与现实》（上册），商务印书馆（2001 年 10 月按照 1948 年版重排），第 103～106 页。

议。正是此次机缘，将国外通行的政府采购、国库集中收付等制度信息传递到国家财政决策领导层。在答复上海市领导可以与世界银行签署贷款协议之后，国家财政部领导当即安排相关人员去学习与研究美国政府采购及预算管理的具体做法。

1995 年 3 月，上海市第一次对大额财政拨款购置设备实行集中采购招标，率先在市级卫生医疗单位试行①。这一事件曾轰动全国，上海市因此成为中国最早试行政府采购的城市。但是，上海市的试点并没有使政府采购制度作为一项全国性的制度改革步入实践。真正使政府采购制度改革正式提到议事日程的仍然是一次偶然的事件。

1995 年 12 月，亚太经济合作组织（APEC）部长级会议和领导人非正式会议通过《大阪行动议程》，将政府采购列为 APEC 贸易投资自由化与便利化的 15 个具体领域之一。在当时 APEC 的 18 个成员中，除中国外，其他成员都建立了政府采购制度。在此次会议上，中国领导人明确承诺，最迟在 2020 年之前向 APEC 成员对等开放政府采购市场。此次会议后，国务院要求尽快建立政府采购制度。

1996 年，政府采购制度改革试点在上海市、深圳市及河北省

---

① 1995 年 3 月 31 日，上海市财政局、卫生局联合签署《关于市级卫生医疗单位加强财政专项采购经费管理的若干规定》，对已批准立项的项目，预计价格在 500 万元以上的采购项目，实行公开招标采购；500 万元以下的项目实行非招标采购形式，询价采购的供货方不能少于 3 家；100 万元以上的项目，政府要参与立项、价款支付、验收使用、效益评估等管理过程。在上海市胸科医院专项医疗设备采购中，由财政、购置设备申请单位和设备专家三方成立了招标小组。设备申请单位提供设备的规格型号、性能、用途、质量、价格、售后服务等方面要求；设备专家对申请单位提供的各项指标进行论证；财政负责对事业发展的需要及财力的可能方面进行审定。此次招标共吸引了 5 家世界著名医疗设备制造商前来参与竞标，最后西门子公司凭借先进技术、适中价格而一举中标，按中标金额计算可节省外汇 5 万美元，节约率为 10.4%。同时，西门子公司还免费赠送了价值数万美元的光盘等配件，大大提高了整机的装配效率。

陆续展开，并于 1998 年推向全国。此后，中国财政制度改革的重心从收入分配转向预算管理，相继启动了部门预算、国库集中收付、"收支两条线"、"金财工程"建设、政府预算绩效管理等一系列改革。这些改革的共同使命，就是要建立一套高效率的、科学编制政府预算、保证预算收支严格按预算执行的、不会产生挪用财政资金机会的相互制约和监督的财政制度体系。

3. 现代财政治理的"地基"

经过近 20 年的努力，中国现已初步搭建现代财政的制度框架，行进在通往现代财政的道路上，但距离成功还相当遥远。

如何建设现代化的财政？我的理解是，就如同建造一栋现代化的大楼，首先要打好地基，然后在地基之上搭建起支撑整个大厦的主要支柱。如果地基没打好，支柱没搭建起来，就忙着装门窗和修饰室内，结果只会适得其反。现代化的财政"大厦"的地基是信息，而在这个地基之上，要牢固树立六根支柱：一是权力；二是利益；三是制度；四是技术；五是组织；六是文化。"一个地基，六根支柱"这七个要素，是实现财政治理现代化的基本渠道。

2000 年，美国学者阿尔弗雷德·D·钱德勒①出版了一本专著《信息改变了美国》②。他在书中反思了一个问题，为什么美国是世界上唯一的超级大国？他认为，不是因为美国有航空母

---

① 阿尔费雷德·D·钱德勒（Alfred D. ChandlerJr.，1919－2007），哈佛大学商学院研究生院 Strauss 商业史荣誉教授，著有《战略与结构》《看得见的手》《规模与范围》等，曾获得普利策奖和班克洛夫特奖。

② 《信息改变了美国》讲述了 19 世纪晚期到 20 世纪美国经济社会发展变化进程中因为信息而发生过的史诗般的传奇故事。美国人认为，了解真相是一个公民应尽的义务，只有了解真相，他们才能选择英明的管理者，才能保证官员和政府在其合理合法的范围之内行使职权。从这一角度而言，信息成为 300 年来推动美国转型的重要力量！

舰，也不是因为美国有转基因技术，而是因为美国建造了国家治理最牢固的基础设施，即信息高速公路及其网络体系。钱德勒提出："信息以前是、今后仍然是一个国家基础设施中几乎看不见的组成部分"。高楼大厦、机场铁路是基础设施，我们每天工作产生的各类信息也是治理国家重要的基础设施。实践中，很多人对各类信息包括财政收支信息却熟视无睹。

在我看来，一切行为，都会留下相应的信息；一切需求，也都有赖于充分的信息才能变成现实。无论是过去，还是现在，信息都是一个国家的重要基础设施之一。它是分割权力的基础，也是行使权力的前提；它是利益的具体反映，也是利益兑现的重要工具；它是制度的依托，也是制度控制的桥梁。可以说，信息不是可有可无，而是紧密联系着政治、经济与社会的不可或缺的基础性要素。从某种意义上讲，人类的发展史就是一部信息处理变革史，财政的发展史就是一部财政信息处理变革史。可以说，无论何种性质、何种岗位的财政管理或治理，一定离不开信息这个"地基"。

4. 现代财政治理的"支柱"

现代化的财政"大厦"，不仅需要打好信息"地基"，还需要在此基础之上搭建六根"支柱"：一是权力；二是利益；三是制度；四是技术；五是组织；六是文化。

第一支柱是权力。科学配置各项财政资源的分配权、管理权、使用权、监督权、问责权，是确保财政资金安全性、规范性和有效性的根本所在，是建立现代财政治理体系的核心任务。

有人认为，中央有决策权，地方没有；财政有分配权，部门没有。实际上，地方拥有中央所不具有的信息优势，部门拥有财政所缺少的信息优势。从一定意义上讲，信息优势等同于一种权力。2013 年全国 12.9 万亿财政资金接近 50% 被集中到中央财政，然而所有中央部门支出总额只占总收入的 10% 左右，其余 90% 的资金都是地方政府及其公共机构花出去。地方在具体使用这些财政资金的过程中，掌握着充分的信息，甚至可以凭借这种信息优势，倒逼高层级政府以实现自己的目的。此种事例，绝不乏见。

在管理中，由于财政收支运行涉及的单位众多，需要在财政、部门及预算单位之间科学合理地划分各项财政权，包括收税、收费、资产处置、发债、预算编制、预算审核、预算执行、预算监督、预算评价、信息公开、预算问责等权力。这些权力如何形成科学系统的搭配，成为决定财政治理体系能否健康运行的关键力量。即便是在一个单位内部，也需要在其内部科室之间合理配置财政资金分配、管理、运用等各项权力。

第二支柱是利益。财政从资金收缴到支出拨付的链条非常长，每涉及一个行为主体，包括部门、机构，甚至个人，都有自己的利益，有些是合法的，有些是非法的，有些是显性的，有些是隐性的。科学的财政治理，需要在有效甄别各种利益的基础之上，规避与摈弃相关行为主体的非法利益，充分保障其合法利益。

然而，我们生活的这个世界是信息不对称的，谁也不会把自己的利益写在脸上，反而常常是隐藏在见不到阳光的地方。这一现状迫使我们采取措施去打破信息不对称。可选择的方法有：健全会计核算、财务报告制度、开展绩效评价与问责、建立全过程的预算监督体系等。其中，建立科学、顺畅的利益表露机制，让各利益相关方充分表达自身利益，是构建现代财政治理体系的重要任务。我们在这一领域的改革，应该说还有很多事情要做。

第三支柱是制度。从信息视角来看，世界各国的财政治理模式大致可以分成三种类型：一是黑箱型，二是问责型，三是阳光型。黑箱型的财政治理是小民主，凡是进入"黑箱"的人或机构，可以享受民主，箱外的人或机构是没有民主可言的。问责型的财政治理是有限民主，没有进入"黑屋子"的人或机构可以通过问责分享到一部分民主权力。阳光型的财政治理是大民主，公开性、透明性、参与性最强。

现实中，任何一个国家的财政治理模式都不是纯粹的某一种类型，而是三种类型的有机融合，既有黑箱型，也有问责型，还有阳光型。世界范围内财政治理的发展大趋势是打破"黑箱"，逐步走向问责型和阳光型，我们国家也不例外。

第四支柱是技术。直至三百年前，人类的信息处理能力依然非常有限，信息服务的对象范围很小，信息民主程度也极其低下。工业革命之后，铁路、火车、电力、电报、电话的发明与应用，才奏响了信息时代到来的前奏。真空电子管技术的问世，将信息流从电线中解放出来，并使信息不再局限于文字形式，借助于迅猛发展的信息网络技术，极其迅速地从根本上改变了整个社会。

当然，信息技术也改变了财政治理。越来越多的手工完成的财政业务，现在已经通过计算机、网络等信息技术实现了自动化，财政信息汇集、整理、挖掘、监控等管理效能显著提高，为财政科学决策提供了更加客观、充分的依据。信息技术正逐步在财政治理体系中得到广泛应用，赋予了政府财政这个复杂巨系统。① 一个健全的"脑"、敏锐的"眼"、强壮的"心脏"、完善

---

① 复杂巨系统这一概念最早由钱学森、于景元、戴汝为于 1990 年提出，详见《一个科学新领域：开放的复杂巨系统及其方法论》，载于《自然杂志》1990 年第 1 期。按照系统科学对于系统的分类，若一个系统的子系统数量非常庞大，且相互关联、相互制约和相互作用，关系又非常复杂并有层次结构，通常称作复杂巨系统，如生物体系统、人体系统、人脑系统、社会系统等，财政系统也具有复杂巨系统的基本特征。

的"血管"以及勤快的"手"与"脚"，从而引发财政治理的一系列重大变革。这些变革从信息理论与信息技术诞生后不久就已兴起，至今尚在进行之中，当然也还有许多问题需要我们继续用创新型思维、先进技术手段去化解。

第五支柱是组织。再大的权力，再好的制度，再先进的技术，也是要由人来具体运用。三个人就可以构成一个组织，何况一级财政部门少则几十人，多则数百上千，构成了一个复杂的组织体系。在农业社会、工业社会和信息社会，财政组织体系结构是不一样的，尤其是在今天，通过运用信息技术和网络技术，财政组织开始扁平化和网络化。不同的组织模式，会带来不同的工作绩效。

在美国纽约，城市中矗立着很多高楼大厦，都需要专门人员管理大厦的物业。纽约城市大厦的物业管理是怎么做的？在白天的时间，美国人自己来管理这栋大楼。天黑了，美国物业管理人员下班回家，委托中国沈阳的 IT 企业，通过远程视频来监控和管理纽约大厦的物业。

美国人为什么委托沈阳的工人来管理大楼物业？一是因为美国劳动者的加班费用很高，为了节省成本；二是因为美国天黑了，中国天亮了，沈阳劳动成本比较低，通过远程视频监控，完全可以监控整个大楼的主体。当然，美国物业管理人员也会留下值班人员，不会全部离开。大家有没有想过，美国大楼的物业管理都可以横跨太平洋，委托外国人来负责。这是一种什么样的创新？这样的创新是否符合客观规律？答案是显而易见的。

2005 年，北京市财政局开始启动一体化的"金财工程"建设。截至目前，约有 30 家 IT 企业为北京市财政管理信息及网络系统提供各种软件和硬件产品。运行过程中，遇到了一个非常现实的难题。这样一套复杂、庞大的一体化信息系统怎么来维护，谁来管理？北京市财政局的财政干部难以胜任这项任务，因为财政干部的计算机专业水平不够，或是缺乏信息工程管理的积极性、主动性。

北京市怎么解决这个问题？要求 30 家 IT 企业派出自己的工作人员长期驻守在财政局，为这套复杂的系统提供服务和后续维护，财政局为这些企业人员提供了整整一层楼的办公室。这一做法能解决一部分问题，但也可能引发新的问题。比如，这些企业人员不是财政局的干部，但掌握财政信息，如何控制由此可能产生的风险？这些人员所在的企业有可能在未来某天破产，财政局应该如何应对？也有可能这些派驻的企业人员辞职了，财政部门如何约束他们以及防范可能带来的不利影响？

实际上，通过上述一系列问题的描述，大家应该可以看出来，在北京市财政局这座"大厦"的"肌体"里，已经有一个外来的东西嵌了进来，这是信息时代财政治理面临的新问题和新挑战。未来，会有越来越多的地方财政部门面临类似的问题，需要我们开动脑筋采取妥当的做法去化解这些治理难题。

第六支柱是文化。涩泽荣一是日本明治维新时期大藏省的大藏少辅，他在这个职位上推动了日本财政制度的现代化。前文提到"一个西瓜要上预算，五个西瓜就要开除"的规定，就是他制定的。他在临去世前写了一本自传体回忆录《论语与算盘》①，他在书中告诉他的国人，每个人都要会打自己的算盘，盘算自己的利益，但是这个算盘不是靠手指来拨动，而是要靠《论语》来拨动，缩小《论语》与算盘间的距离是最紧要的任务。

---

① 涩泽荣一（1840~1931），被称为日本企业之父、资本主义之父、产业经济的最高指导者、儒家资本主义的代表，他是日本现代财政制度、现代金融制度、现代企业制度的创始人。在实业思想上，他把来自中国的儒家精神与效仿欧美的经济伦理合为一体，奠定了日本经营思想的基础。

《论语》是什么？是做人的底线，起码的良知！如果一个人丧失了良知，他对权力的运用、利益的索取，都极可能处于一种疯狂的状态之中，法律、制度、技术也未必能够约束住他的行为。现实中，知法犯法的例子屡见不鲜。如果没有文化这个支柱做支撑，法律、制度与现代化的信息技术所发挥出来的威力必将大打折扣。只有将严明的法律、健全的制度、科学的治理、发达的信息技术与优秀的文化融合起来，才能产生持久的力量，助力现代财政治理的早日全面实现。

四、中国财政治理的现代化

党的十八届三中全会确立了建立现代财政制度、实现财政治理现代化的改革目标，2014 年 8 月《预算法》修正案的出台奠定了财政治理现代化的法制基础。按照国家法律、中央决议的基本要求实现中国财政治理的现代化，是摆在当前各级政府面前的一项艰巨任务。我在调研中发现，过去十多年来不少地方积极推动财政改革，在某些环节或领域实现了局部的现代化、科学化、精细化。认真解读这些成功的典型案例，可以为我们描绘出一幅财政治理现代化的"蓝图"。

1. 财政信息的动态管理

信息是财政治理的"地基"，"地基"没有打牢，上面的"建筑"是难以稳固的。北京市海淀区财政局于 2007 年推行了财政信息的动态化管理这项改革①，奠定了现代财政治理的基础。

在北京市海淀区的香山公园附近有一片绿地，长期以来，多

---

① 陈清华、赵慧：《清数据责权一统　做决策心明眼亮：北京市海淀区财政局推进财政精细化管理工作纪实》，载于《中国财经报》2008 年 2 月 13 日。

部门重叠管辖，同一地块有多家预算为同一件事向财政申请经费补助，因为财政部门不掌握充分的信息，导致财政资金分配决策难、使用效率低。海淀区财政局与绿化主管部门多次深入实地，通过 GPS 测量，反复核实，最后确认这块绿地为香山街道绿化队所有，一次性解决了多年未能解决的难题。

除绿化外，道路保洁也有类似的情况。全区井盖有多少，垃圾楼是改建还是翻建，公共厕所建在哪儿，财政局都不清楚。当然，每次拨经费时，相关单位带着财政干部实地调研，但是转来转去都转蒙了，很难保证考察获取信息的准确性。大量的基础信息和数据都以不同的格式分散在各个预算单位，财政在进行支出项目决策时只能参照各个主管单位所提供的信息，所以难以保证预算编制的科学化和拨付资金的有效使用。科学的财政决策必须建立在充分的数据基础上，统一财政基础数据信息管理是财政治理现代化的基础性工作。

认准了方向之后，海淀区财政局要求每一个科室把自己管辖的预算单位的人财物等信息掌管起来。本着数据共享、政府共用的原则，在与各相关部门沟通的基础上，区财政局牵头开发了财政基础数据信息系统，相关信息由基层单位上报，经主管部门审核，并由专业测绘机构测量核实后入库，为 457 家预算单位建立了 530 余万个基础数据，每年适时更新，不仅摸清了财政底数，而且辅助支出部门及预算单位理清了事权。

有了财政基础数据信息平台，海淀区财政局就像有了一双神奇的眼睛，能够直接掌握到全区所辖范围内的所有街道保洁、公共厕所、垃圾箱，乃至一草一木的具体情况，而且可以很直观地在电脑上展现出来，一目了然。财政用"眼睛"看到了实实在在的数据，才能用"脑袋"做出了实实在在的决策。

人员经费、公用经费、经费补助等看似简单的一笔笔财政支出，如何用到位，用出绩效来，实在是一门大学问。它是纳税人最想知道、人大代表、政协委员高度关注的财政话题，也是摆在财政部门面前的重要治理任务。要交出满意的答卷，就必须实现财政信息的动态管理。

2. 完整预算与科学编制

政府预算是落实各项财税政策、有效发挥财政职能作用、促进经济社会事业健康发展的基础和保障。从 1998 年以来，河南省焦作市先后推行综合预算、复式预算、参与式预算和预算绩效管理等改革，一个涵盖政府全部收支、完整统一的公共预算体系日趋完善。[①]

2004 年，焦作市财政局开始编制政府债务预算。到 2008 年，开始全面编制复式预算，具体包括社会保障、政府债务、国有资本经营、国有土地使用权出让收支、政府采购、非税收入、住房公积金等专项预算，构成一个完整的复式预算体系，将所有财政资金全部纳入政府预算管理框架。

当然，也可能有人认为，焦作预算改革只是建立了一个复式预算形式，不一定全部解决其中的实质性问题。我却认为，中国绝大多数地方连这样一个形式都没有，先把这个完整预算的"框子"建起来，而后再逐步解决内部更具体的问题，是现实可行的正确选择。

2014 年《预算法》修正案在删除有关预算外资金内容的基础上，规定政府全部收入和支出都应当纳入预算，分类编制一般公共预算、政府性基金预算、国有资本经营预算和社会保险基金预算，对 4 本预算功能定位、编制原则及相互关系做出规范。焦

---

① 《改革创新不停步——焦作市财政局预算改革纪实》，载于《中国财经报》2010 年 12 月 7 日。

作市复式预算改革的试点与探索，可以为 2015 年在全国编制完整的政府预算提供宝贵的经验与教训。

在预算编制模式的选择方面，焦作市从 2004 年开始推行参与式预算，以公开透明理财、科学民主决策为核心，对涉及民生的重大项目实行"部门申报、项目公示、网民投票、专家论证、社会听证、绩效评价"等一系列社会公众参与程序，促进预算更加公开、公正、科学、透明。

参与式预算最早兴起于浙江温岭。何谓参与式预算，意思是指让老百姓及专家学者参与到政府预算编制过程中来。如果政府有 3000 万元人民币需要通过预算的方式分配出去，政府领导提出要修路，而老百姓提出需要幼儿园，最后在预算决策时支持哪个方案？支持老百姓的意见！这种预算模式，为预算各利益攸关方搭建了一个通畅的利益表达平台。

信息公开是预算治理现代化的基本要求。在焦作市行政服务中心大厅，所有预算单位和社会公众可以通过查询机的触摸屏，了解各个部门的年度预算等信息。此外，行政审批、政府采购、产权交易、公物拍卖、会计委派等公共财政事务也全面向社会公开。预算公开扩大了老百姓的知情权，让老百姓知道财政的钱是怎么花的，花得怎么样，自觉接受人民群众和社会舆论的监督，更充分地体现社会民主。

政府预算管理的现代化离不开各种技术工具，如政府收支分类体系、政府会计核算、综合财务报告、信息技术应用等。它们与预算收支预测及规划共同构成了现代预算管理的技术基础设施。预算收支预测，一般是在预计和分析年度预算执行情况的基础上，参照历年收支规律和结合经济社会发展趋势，预测未来财政年度可能达到的程度及收支需求情况，为科学编制政府预算打好基础。今后，将逐步实现中期财政规划管理，研究编制滚动的多年度支出规划，有助于年度预算上限的设定，也有助于提高部门管理的预测能力。在这一领域，河北省走在了全国的前列。

从 2011 年起，河北省所有 124 个省直部门在编制本年度部门预算的同时，还要编制一本预算绩效说明书，阐述各项支出的必要性、可行性和有效性，不按要求编制和绩效低的项目不能进入预算流程，财政不予安排资金，花钱效果达不到要求将进行绩效问责。这是将预算绩效管理前置，建立全过程预算绩效管理制度体系的一项重要举措，也是中国政府预算管理改革的长期目标。走向绩效预算管理，不可能一蹴而就，一定要从实际出发，稳步推进。

20 世纪初，美国政府预算采用总和预算形式，各部门只提供收支计划的总和。1928 年成立的美国全国市政标准委员会，是公共部门绩效测量的始作俑者；1938 年克拉伦斯·E·德利和郝伯特·A·西蒙的《市政活动的测量》的出版，再次给政府绩效测量运动注入巨大动力。1949 年第一届胡佛委员会提出联邦政府机构中应该引入绩效预算。[1] 这一思想随后在美国田纳西流域管理局、国防部和农业部的项目预算管理中进行短暂尝试，但由于现实中不能突破技术、政治、管理等方面形成的各种约束，只是"昙花一现"，没能取得成功。[2]

---

[1] 根据该委员会的定义，绩效预算是基于政府职能、业务与项目所编的公共预算。该预算最重要的任务是工作或服务的成就，以及该项工作或服务将支付的若干成本。

[2] 美国绩效预算改革失败的原因是多方面的。由于各部门的工作性质差别较大，且不可比，无论是绩效指标设计、工作量统计，还是成本—收益分析，需要大量繁重、复杂的工作；许多社会效益较强的政府活动难以用量化指标来评价，所谓的绩效无从考核；虽然绩效预算注重对产出进行分类和度量，但对政府目标、计划及相应的资源配置关注不够，近期与中长期目标脱钩甚至背离。此外，传统的会计系统与绩效预算的编制、执行也不相融合。

尽管绩效预算改革在美国遇到了严重挫折，但绩效理念与方法还是逐步为社会接受与认同。1950年以后，美国政府预算改革虽然偏离了绩效预算的轨道，但对提高预算绩效的努力却一直并未放弃，相继推行计划项目预算（1961～1970年）、企业化公共预算（1971～1974年）、零基预算（1977～1981年）、平衡公共预算（1981～1986年）等改革，都包含了提高预算绩效的努力。20世纪80年代之后，随着信息化时代的到来，绩效预算再次应运而生，称为新绩效预算改革。

新绩效预算将预算分配与绩效衡量加以结合，是对20世纪50年代绩效预算传统的扬弃和发展。1993年1月，《政府绩效和成果法案》获得议会审议通过，要求政府机构重视预算项目绩效；2001年8月，乔治·W·布什总统宣布"总统管理议程"议案，旨在提高联邦项目绩效；2004年，美国联邦政府引入项目评价体系（简称PART），从目标设计、战略规划、项目管理及项目结果等方面，评价项目绩效，并为项目预算提供依据。从目前来看，新绩效预算已在美国取得初步成功。

美国实践表明，即便是经过80多年的持续努力，绩效预算之"果"也才刚刚盛开成一朵娇嫩的"小花"。[①] 客观讲，迄今为止，人类社会依然不完全具备实行绩效预算的各种条件，当然也还有诸多问题需要继续探索与思考。对此，我们一方面要充分认识加强预算绩效管理的重要意义，切实把这项改革作为实现政

---

① 尽管美国绩效预算改革取得了重大进步，但是也依然存在不少问题未能从根本上予以解决。比如，绩效评估在行政部门中发挥着管理工具的作用，而对立法机关来说，他们在政府预算方案中面对大量效率数据时往往感到不知所措。再如，绩效预算中量化绩效目标的成本太高，量化难度极大，需要投入大量资金进行指标研究和培训评估人员。再如，PART项目评估结果显示的绩效水平亟待提高，2004年"效果不明"的项目占全部受评项目的比例为51%；2005年该比例为41%；2006年为29%。

府预算制度变革的重要途径；另一方面，要充分认识到改革的艰巨性，从基础的绩效评价工作做起，从绩效能够充分显现的重大建设性资金项目做起，逐步建立覆盖政府预算全过程的绩效管理体系。当绩效理念和相关机制成熟后，绩效预算将会"瓜熟蒂落""水到渠成"。

3. 政府预算审核

预算编制结束后，就进入预算审核程序。广州市人大代表早在几年前就提出，人大代表审核政府预算时，如果赞同整个政府预算，但反对其中某些项目或内容，他应该按哪个按钮表决？因为当前法律只赋予人大代表赞成、反对、弃权三个按钮，没有赋予第四个按钮。第四个按钮是结构化审议政府预算的权力。我相信，这是政府预算审核环节改革的努力方向。

2014年《预算法》修正案规定了政府预算提交各级人大的具体时间期限及预算批复时限，要求采取多种方式组织人大代表听取选民和社会各界的意见，明确了各级人代会对预算草案及其报告、预算执行情况的报告的审查内容及重点，事实上为人大代表履行单项表决权奠定了基础。

关于人大代表审核预算的原则，2014年《预算法》修正案提出跨年度平衡。在此之前的政府预算审核原则是年度收支平衡，但有些工程支出显然是跨年度的，无法实现年度内平衡。更重要的是，经济及财政运行带有明显的周期性特征，年度内平衡难以年年做到。所以预算审查从年度平衡走向跨年度平衡，实现3～5年的中期平衡，是尊重客观规律的正确选择。

更具体的看，2014年《预算法》修正案规定人大代表审查政府预算的重点从政府预算的总规模、平衡状态转向支出政策。每一笔财政资金，都是政府具体政策的落实与体现，也是衡量预算分配、执行等绩效的关键依据，实质是人大代表专项预算审核权力的具体化，可以增强政府预算审核环节的科学化，提高政府预算的严肃性。

除人大审核政府预算之外，各支出部门及财政部门实际上拥有更具体的预算审核批准权力。比如，在项目库管理中，如何立项、如何论证、如何入库、如何核批等权力，集中在少数领导的手中，在早批、晚批、多批、少批等方面具有较大的自由裁量权，如果监督不完善、不及时，容易导致腐败现象。解决这一问题的出路，是实现预算核批权力的社会化。如果一家预算单位提出一个项目申请，财政部门可以相关资料在一定范围内公开，允许老百姓、专家和人大代表提出自己的评价意见，最后在综合各方意见的基础上做出核批结论。

4. 预算执行的规范化

2011 年，我参加亚洲开发银行技援项目专家论证会，遇到了牛津大学的黄佩华教授。她为自己起了一个中国化的名字，却是地地道道的美国人。会议上，她讲了这么一段话，我听后很受震动。她说，中国在管钱、花钱的问题上，相关部门提出来一个项目申请，经过层层圈阅、审批，最终该花的钱花不出去，不该花的钱控制不住，程序很多，但是控制很弱，而且调整非常频繁。

不知道大家读后对此有何感触？一个外国人用非常地道的中国语言，讲出我们自己的问题，尤其是预算调整，"一年预算，预算一年"等老问题至今仍未根除。在广东珠海市财政局为规范和约束预算调整行为，建立了专家评审、听证会制度，组织相关专家及审计、监察等部门领导作为评审会委员，集体评议各预算单位提交的预算调整方案，尽管仍然不能解决预算执行领域可能存在的全部问题，但是已经解决其中很大一部分问题，符合预算调整环节改革的发展方向。

国库集中收付制度是规范预算执行的重要保障。2001 年以来，国库集中收付制度改革在全国范围内普遍推开，在国库单一账户体系的基础上，建立了国库账户的动态监控系统。财政部有一台电脑，连着代理国库商业银行的支付终端，只要是通过国库集中支付划拨出去的钱，代理商业银行支付出去以后，没多久就会把这个信息传输到这台电脑上来。在这台电脑的屏幕上，可以清楚地看到各预算单位花了多少钱，项目内容是什么，支付给了哪家机构等信息。

在国库集中收付改革过程中，曾经发生过有些预算单位把财政资金通过集中支付系统拨付到洗浴中心的账户上去。很快，财政部门发现了这一支付信息，通过电话询问或进驻检查，及时纠正或查处相关违规违法行为。这台电脑的存在，以及对相关行为的及时处置，不仅影响到预算单位花钱的行为，而且影响到洗浴业的繁荣。

曾经有一段时间，去洗浴中心洗澡的人数大幅下降，洗浴中心的老板着急了，什么原因导致了行业萧条呢？他们经过研究发现，原来是财政部门推行国库集中支付改革，各预算单位的支付信息清晰地显示在财政管理信息系统之中，账户名中"洗浴中心"这几个字眼非常惹人瞩目。解决问题的办法和问题同时产生，老板们纷纷提出不能再叫洗浴中心了，得改名字……

现如今，再去洗浴中心洗澡，开的发票就不是洗浴费了，而是餐费、会议费、住宿费，发票抬头也不是洗浴中心了，而是某餐饮集团公司。有人讲，这也没解决问题啊。我说，这已经很了不起了，知道给自己穿个"遮羞布"了。问题的彻底解决，没有我们想象得那么容易。解决发票问题，特别需要税务部门的努力。我们要有信心，世上无难事，只要肯登攀。

北京市财政局在学习财政部成功经验的基础上，又有新的突破和创新。通过财政、预算单位和商业银行的联网，也详细记录了每一笔资金的来龙去脉。在财政局内部，国库处最先获知这些信息，同时与监督检查处实现了信息共享。在外部，财政局在获知这些信息的同时与审计局、监察局实现了信息共享。各预算单位爱怎么花钱，是它的权力；监督检查部门什么时候去查处，是监察干部的权力。建立这样一个动态的监控网络，使各部门、各单位预算执行的规范化程度有了实质性改善，收到了非常好的成效。

5. 政府采购管理与改革

对于政府采购领域存在的腐败问题，烟台市在2008年推行了系列改革，形成了以"确立完整采购理念、强化采购专业监管、联项采购同类产品、择优随机选择机构、场所统一费用固定、专家评审主导结果"为主要特征的采购运行模式，引起全国范围内的热议和赞赏。

专家库管理是政府采购工作的中心环节，直接决定了采购结果及其质量水平。烟台市通过审核汇总集中采购代理机构专家库人员、网上征集等手段，于2008年建立起包含5000余名专家的政府采购专家库，既包括评标、谈判专家，又包括需求论证专家，涵盖办公自动化设备、信息技术、建筑工程、地质勘查、化学化工等87个类别。随着对专家评审质量要求的不断提高，烟台市对专家库实行动态管理，及时聘请各行业内的知名专家，对专业知识过时或因其他条件不能胜任评审工作的，经审核后停止专家资格。

为了提高专家的档次，避免专家本地化、"见面熟"等问题，烟台市决定增加外地专家的数量，特别是北京、上海、广州等地的权威专家。对采购资金数额巨大项目的需求论证，主要以聘请外地高水平专家为主，外地专家在论证中的比例达到了80%以上。招投标过程中，本地专家被收买的成本太小了，收买外地专家的难度和成本都将显著增加，有效推动了政府采购制度的完善。

当前，烟台市管理专家库的这种做法又落伍了。在有些地方，第一流的企业家为了中标，已经不是在招投标之前收买政府采购专家，他们想到了更聪明的办法，企业自己培养政府采购专家，然后送到政府采购专家库中去。我怎么知道的？因为有企业想"培养"我，上门找我，想把我"包装"送到某市电子政务政府采购专家库里去，我拒绝了。我说，有党和人民的培养足够了。但我相信，有些人未必能拒绝企业的"培养"。

如果政府采购专家库里的专家都被企业"培养"了，政府采购法律、政府采购管理规程还有用吗？我们该如何消除这一类腐败行为？除了完善专家库管理之外，还需不需要采取其他的办法？在法律和制度不能发挥作用的地方，文化和良知可以起作用。在西方，有不少人每周去一次教堂，忏悔过去一周自己做的错事。这是宗教仪式的一部分，更是一种可以移风易俗的文化。每一个人都应该经常问问自己，我有什么需要忏悔的吗？曾子曰："吾日三省吾身——为人谋而不忠乎？与朋友交而不信乎？传不习乎？"现实中，有太多的人一生都没有忏悔或反省过一次，总是在抱怨和批评别人，这才是很多悲剧的真正根源。

6. "三公经费"管理

这是一项全社会高度关注的改革。对于"三公经费"管理，要完善制度，但也要充分意识到中国国情的特殊性。下面，我介绍三段我和外国人打交道的小故事，通过这种方式来了解外国的"三公经费"管理，然后回过头来反思如何做好我们自己的工作。

2008年春天，我去日本东京参加国际研讨会，亲自体会了日本的公务接待。出发前，我告诉日本组织会务的人员，我有一位同事在东京做访问学者，希望能邀请他出席此次研讨会。日方答应一定邀请我的这位同事参加会议。到东京后，我在会议室里见到了同事。

会议结束后，日方工作人员带领我去吃中饭，坐定后才发现我的同事没有来。我问日方人员，我的那位同事为何没有来？日方回答说，他只有参会资格，我们没有他吃饭的预算。没办法，这位同事只好回住处自己做饭吃。日本的公务接待规定具体细致，哪些领导出席宴会，几个领导陪同，去什么级别的酒店，点几道菜，餐费的最高限额是多少，都有明确的规定。

我和韩国财政部的官员也打过交道。韩国制度规定，一定级别以上的公务人员可以选择一年或两年的时间去国外进行学习或做访问学者。韩国财政部金融司的一位领导，选择到北京做一年的访问学者。到中国之后，组织上把他安排到我所在的处室，和我相处了一年。他的汉语马马虎虎，我们之间的交流还算顺畅。

有一天，他问我能不能帮他一个忙。我说，只要我能做到，一定帮。他告诉我，他在北京一年的时间里有没有可能考取一个中国官方认可的资格证书？希望我为他提个好建议。我听后感到惊奇，我问他你考我们的资格证书有什么用？他说，韩国出国经费管理办法规定，如果在国外学习期间，能够考取所在国家官方认可的资格证书，回国后按出国经费的一定比例奖励一大笔现金。

哦，原来是这样。我说我一定帮你这个忙，你考我们的会计证吧！如果会计证你都考不到，其他证书更难考到。结果，他努力了，但由于中国尚未推出韩文版会计证，也因为他汉语水平较低，最终未能考取到这个证书。但这件事却让我了解到韩国出国经费管理的具体做法。现在是全球化时代，公务人员不走出国门，就难以了解世界，也很难做好自己的本职工作。但走出国门不是观光旅游，而要真正学有所获。加强和完善出国经费的考核管理，是确保经费绩效的客观需要。

美国人为了完善"三公经费"管理，也出台了很多办法。一位经常和美国人打交道的好朋友告诉我，美国在北京的独资或合资企业财务制度规定，企业用公款请客吃饭时，被邀请人需要在财务单据上签字，然后作为原始凭证和用餐发票一起入账。但这样一条规定却在执行中"走样"了。

这位朋友告诉我，他经常和这些美国人一起吃饭，签字时从来不签自己的名字。我问他说，你好意思签别人的名字？如果引起争议怎么办？他说，我们都签张飞、刘备、关羽，不会引起争议的。大家有机会去查一查美国企业的原始凭证，说不定能看到美国人和许多历史名人在一起吃饭。这项制度的出发点是好的，但错误执行导致的后果，仍然是一种公共悲剧。

我们究竟该如何管理"三公经费"？台湾的曾仕强教授讲过一段话，能够告诉我们一个答案。他说美国人脑子里面有一根线，一就是一，二就是二；一不能是二，二不能是一，这条线是原则，不能跨越的界限。中国人的脑子里也有一根线，不是直线，是一根 S 形曲线；一可以变成二，二可以变成一；黑可以转换成白，白可以转换成黑，随时随地都在变化。在这样一种文化背景下，要解决我们中国特色的问题，只能靠中国人自己的智慧，照抄照搬外国人的智慧可能会适得其反。

7. 盘活财政存量资金

自 2013 年 6 月以来，李克强总理多次提出盘活财政存量资金。为什么要盘活财政存量资金呢？有两个最直接的原因：一是中国财政增量资金涨速放缓，二是人民银行国库账户中有大量财政资金没有使用出去。在这种背景下，盘活财政存量资金显得异常紧迫和重要。

但是怎么盘活呢？我有一位朋友，在某地级市当农业局局长，有一天他给我打电话说，他调到某农业大县当县长了。他在电话里告诉我，他当了县长才知道，县国库账户里沉淀了几个亿的财政资金。他问我这个钱能不能调出来用啊？我答复说：地方政府运作国库沉淀资金目前面临着法律、政策等多个层面的障碍。

对于沉淀在国库账户中的财政资金，自 2006 年始国务院授权财政部进行国库现金管理操作，主要有两个做法：一是把人民银行的活期存款转成商业银行的定期存款，获取更高的利息收入；二是回购国债。近两年以来，国务院正在允许省、市、县等地方政府探索运用市场化的方式管理国库沉淀资金。

美国国库中也有沉淀资金，2002～2003 年国库日终最高现金余额达 700 亿美元，法律规定财政部通常情况下只将大约 50 亿～100 亿美元的资金存放在联邦储备银行下的国库账户中，而将超过这一标准以上的现金余额存入商业银行中具有完全担保的"税收与贷款账户"，由财政部赚取利息收入。当联邦储备银行下的国库账户日终现金余额低于 50 亿美元时，财政部则从商业银行"税收与贷款账户"调入现金补足。

美国从 1981 年开始通过 30 多年的努力，逐步建立起完善的国库现金管理制度，在确保正常支付需求的基础之上，熨平国库资金波动，增加盈余现金投资收益，最大限度地减少国库沉淀资金的规模。英国、法国、澳大利亚等西方国家也普遍建立了类似的国库管理制度，极大地提升了政府预算管理与执行的现代化、科学化、精细化水平。

中国自 2006 年开始建立国库现金管理制度，但至今尚未在全国普遍推开。可以预见，随着国库现金管理制度的建立与完善，中国国库沉淀资金的规模将会大幅下降，然而这一目标的实现，必定需要付出数十年的努力。眼下需要做的工作是，找寻导致巨量资金沉淀的真正原因，采取妥善措施逐步予以化解。

2014 年中国财政收入大约 14 万亿元，其中接近 2 万亿~4 万亿元的资金沉淀在国库账户之中闲置，资金沉淀率最高约为 28.6%。客观地讲，导致资金大量沉淀的原因，是多方面的。首先，各部门、预算单位"重收入，轻管理""重眼前，轻长期"，导致预算编制不科学、不准确、不细化，甚至导致部门或单位之间的苦乐不均，钱多的单位费尽心机想办法把钱花出去，钱少的单位有很多事没有办法去做。其次，当前中国政府是经济建设型政府，建设性资金在财政总支出中的占比非常大，这部分资金在预算审批后的执行过程中，往往由于征地拆迁、建设施工等各方面原因，导致预算执行进度缓慢。最后，分税制财政体制决定了中央和省级政府集中了相当大比重的财政资金，通过转移支付的方式重新分配给市县基层政府，转移支付分配过程中客观存在一定时长的时滞，民生类转移支付的预计数大约能在一个财政年度的 4~7 月下达给地方，建设类转移支付的预计数可能拖延至 9~11 月，进一步延缓了预算执行的进度和效率。

上述系列问题的存在，恰恰表明中国财政治理没有实现现代化。只有通过完善政府预算编制、审核、执行、监督、评价、问责等多个环节的现代化治理，才能够真正解决这些问题。

8. 信息公开透明

2005 年，北京市财政局启动了一体化财政管理信息系统建设，截至目前，已经取得了"五个一"的显著成效，即一个信息门户、一套应用系统、一个中央数据库、一个网络平台、一套支撑体系。其中，一个中央数据库指的是所有处室的财政收支数据全部集中到一个数据库里面，所有财政干部都可以查阅这个数据库，有效破除了长期以来普遍存在的"信息孤岛"现象，在单位内部实现了信息公开和透明。

大家可以设想一下，在一个单位内部信息公开和透明之后，会带来什么样的影响？按照"一个地基，六根支柱"的分析框架，信息公开透明了，在这个"地基"之上建立的六根支柱都会受到影响。其中，权力运作机制必定发生大的改变。在财政局，预算处的权力受到了很大的约束，信息中心主任的权力大幅度上升。这就是信息公开透明之后带来的必然结果。

财政地理信息系统是北京市财政管理信息系统的重要组成，通过整理财政专题图层库700余层，展示和分析财政资金涉及的机构、人员、项目、指标等基础业务数据，并对城中村、粮食直补、公务车辆定点加油维修、医疗机构设备投资、财政专网通断状况等财政资金投放进行专题分析展示，实现了影像对比的图层叠加及地图动态渲染，将基础财政信息实现可视化和地图化。有了这样的信息基础，才更有利于实现财政治理的现代化。

洛阳市"金财工程"建设也取得了非常了不起的成就，他们最大的创新是所有县一级的财政数据集中到地市一级财政部门管理。税务部门的数据于2002年起实现了省级集中管理。2006年以后，31个省级国税局征管数据已进一步集中到国家税务总局。无独有偶，所有银行的信贷数据都是实行总行集中管理。财政为什么不能实现数据的集中管理呢？我认为这恰恰是"金财工程"建设的最高目标。

作为当前和今后一个时期财政信息化建设的重点，应用支撑平台有效解决了标准统一和系统整合等问题，是我们打破长期以来形成的发展瓶颈、化被动为主动的关键所在，也是大势所趋。顺应这一趋势，建立财政数据"以省级集中管理为主、以若干地市分中心协管为辅"的目标模式，是可以适应中国国情、较为现实的明智选择，有利于将财政管理及其信息化水平推向更高的发展平台。

财政数据的集中管理与公开透明，共同要求财政信息的准确、及时与全面，客观上需要推动政府会计制度改革，编制以权责发生制为基础的政府综合财务报告，科学、翔实地提供各部门及预算单位的收入、资产、负债等信息。如果政府会计与财务报告制度没有与时俱进，形成的信息将严重不符合实际，也将导致错误的决策，由此带来的影响也是极其深远的。

综上所述，财政治理的现代化，是一项长期的历史任务，不是一朝一夕能够实现的，需要我们持之以恒地开展下去。

第二章 公共化和财政结构变革

2013年4月19日，中央政治局会议决定用一年的时间，在全国开展党的群众路线教育实践活动。密切联系群众，是党的性质和宗旨的体现。能否密切联系群众，决定着党的事业的成败。始终坚持立党为公，必然要求执政为民。财政作为国家治理的基础与支柱，必须服务于广大人民群众日益增长的物质文化需要。以公共化为方向，推动财政结构变革，是群众路线在财政工作中的集中体现，也是当前中国经济社会发展新阶段的客观需要。

一、三十年定律与新时代的现实挑战

党的十八大以来，国家经济社会诸领域发生了一系列深刻的变化。如何认识这些变化，是做好当前及未来工作的起点。很多人不禁要问，这些变化能持久吗？或是三五年之后自然消亡？我认为，今天的变化，仅仅是个开始，将持续30年的时间。

认识和思考社会问题，一定要具备30年的视野。我们老祖先曾经讲过一句话，叫"三十年河东，三十年河西"。这句话中蕴涵着深意，为什么老祖先讲30年，而不是20年或50年？流传千年的东西，一定有它自己的道理。我认真思考后发现，老祖先太有智慧了，他们早早地发现了人类社会发展存在着30年定律。无论是一个人、一个家庭、一个地区或是一个国家，30年，都会发生实质性的变化。

从1949年10月到1978年年底，是新中国的第一个30年——毛泽东时代。1978年年底，开启了改革开放新时代，到2009年前后，是新中国的第二个30年——邓小平时代。从2009年开始，我们进入了新中国的第三个30年，2012年党的十八大确立了新时代的发展方向。

每一个30年，都有其鲜明的财政结构特征。第一个30年，呈现出典型的国防化特征，很多财政资金优先用于国防工业、重工业等领域，目的是解决生存问题。第二个30年，呈现出典型的经济化特征，大量资金被用于经济建设，目的是解决发展问题。在第三个30年里，生存问题解决了，发展问题也得到了有效改善，但是一个新问题浮现出来，这个问题就是公共安全，已经成为新时代的新挑战。

1. "非典"疫情与公共卫生安全

2003年春，北京、广州两个大城市发生了"非典"疫情。"非典"期间，我进出北京6次，每一次都面临着生与死的考验，很多人都和我一样对"非典"有着刻骨铭心的记忆。2013年春天，中央电视台记者柴静出版了一本专著，名字叫《看见》，她是唯一一个进入"非典"病房的中央电视台记者，她在这本书里专门用一章的内容，回忆了她对"非典"的记忆，我读后仍然有触目惊心的感觉。

为什么会发生"非典"？这是一个不应该被社会遗忘的问题。毫无疑问，一个重要的原因就是公共卫生领域处于整个社会非常薄弱的环节。今天,"非典"疫情已经离我们远去,但是"禽流感""猪流感"来了,新传染病不断出现,旧传染病死灰复燃,公共卫生安全依然令人担忧。

"非典"之后直至今天,国家财政对公共卫生领域的投入快速增长,对于保障公共卫生安全起到了积极的重要作用。但是,也应该看到,公共医疗机构财务制度改革、医疗体制改革等都有一系列问题亟待解决,通往公共卫生安全之路仍然任重道远。

2. 从家到学校的交通安全

每年 9 月,各类学校陆续开学。学生上学和放学路上的安全问题,成为全社会关注的一个焦点。这些年,我们听到和看到太多的悲剧,常常有花样年华的生命在这段路上戛然而止。

我儿子在北京上小学,如何走好从家到学校这段路,是令我非常头疼的一件事。6 ~ 12 岁的儿童上学的路怎么走,取决于他(她)出生在什么样的家庭。如果家里有汽车,可以坐着汽车去;如果家里没有汽车,可以乘坐自行车去;如果不愿意骑自行车,可以选坐公交车。我坐过一次公交车,因为几乎所有的孩子要在指定的时间之前涌入各自的学校,公交车上人很多,有可能把小孩子挤成"肉饼"。如果不愿意坐公交车,也可以撒开两条腿跑。于是,在从家到学校的路上发生了很多不安全的事故和悲剧。

从家到学校这段路怎么走才安全?中央电视台记者白岩松到了美国,回来后根据他的见闻写了一本书,名字叫《岩松看美国》。他发现,美国的家长只需要把孩子送到所住小区附近的校车服务站,然后有专门的校车把这个孩子送到他要去的学校。放学后,这个孩子乘坐相应的校车回到离他家最近的校车服务站下车,家长再把他接回家里。所有的交通费用,包括校车司机的工资,全部由财政承担,财政要为每个学生每年支付 520 美元的交通费,如果这个孩子是残疾人,支付标准是 2400 美元。从家到学校的这段路，美国公共财政的"阳光"覆盖了。安全还是不安全，与财政有着密不可分的关系。

教育是社会事业的重中之重，关系到民族的未来。近些年来，尽管中国教育事业取得了很大的进步，但仍有许多问题尚未解决。教育部《关于贯彻国务院办公厅转发中央编办、教育部、财政部关于制定中小学教职工编制标准意见的通知》中，对中小学每班学生的人数做出了明确的规定，小学40～50人，中学45～50人。实际上，很多地方政府并未执行这一规定。我在全国调研时发现，不少地方的好学校，一个班级的总人数在70人甚至80人以上，并不罕见。这些孩子在非常拥挤的空间里听课、学习，所能享受到的安全环境是需要引起全社会的高度关注。

3. 食品药品安全问题

2010年秋天，我收到一位朋友发来的短信，内容非常诙谐，但反映的问题非常现实。短信的大意讲述了国人一天的生活："早上起床，穿上冒牌运动装出门，买半斤地沟油炸的洗衣粉油条，回家切两个苏丹红咸鸭蛋，冲一杯三聚氰胺牛奶，吃完高高兴兴去上班。中午，在单位食堂要一个注水肉炒农药韭菜，一个有毒猪血，再来一碗翻新陈大米饭，实实惠惠吃个饱。然后回办公室泡一壶香精茶叶，翻阅一会网络新闻。下班后去菜市场买一条避孕药喂大的鱼，半斤尿素豆芽、半斤膨大剂西红柿，回家烧三个菜，再开一瓶甲醇酒，美滋滋喝上二两，吃一个硫磺馒头。饭后散散步，在路边地摊上买两本盗版小说或者盗版光盘，回家快乐地看起来。晚上钻进黑心棉做的被褥，甜甜美美地睡了。啊！国人的一天多么快乐啊！"

近些年来，食品药品安全成了一个很普遍、很严重的社会问题。过去，经济条件不够好，没钱吃不上好东西；现在有钱了，却吃不上安全的食品了，居民幸福指数真的大打折扣。我们这么大的一个国家生产不出让人放心的奶粉，很多年轻的父母通过各种渠道去境外买，搞的香港人要限购，澳大利亚人也跟着限购。政府、企业及全社会需要共同努力，希望能生产和销售更多安全的食品和药品，使广大城乡居民获得实实在在的幸福感。

20 世纪 80 年代，南怀瑾①先生在台湾菜市场买菜时发现，菜农卖的青菜自己是不吃的，自己吃的青菜是不外卖的。为什么？因为菜市场的青菜用了化肥、农药，吃进人体有许多副作用。自己种的放心菜，只供自己吃，所以不外卖。南先生当然知道这个背后的秘密，他曾指着菜农的鼻子说："你卖的菜越多，缺的德也越多。"这个道理同样适用于我们今天。食品药品不安全的现实，不是一天两天形成的，是在过去 30 年中渐渐积累下来的，也不可能一两年就能有效消除。一个人不择手段地去追求自身利益的最大化，伤害的必然是全社会，最终也一定会损伤到自己。

4. 雾霾治理及饮用水安全

从 2012 年 12 月到 2013 年 12 月底，我离开北京赴江西省赣州市挂职工作一年。期间，我有多次回北京的机会，没有乘坐飞机，而是选乘高铁。从距离赣州最近的韶关高铁站上车，穿过湖南、湖北，进入河南、河北，最后来到北京。一路上留给我最深刻的印象是，高铁离开湖北进入河南，也就进入了雾霾区。雾霾，不是北京的"专利"。其实，大半个中国都面临着共同的污染。

近两年，雾霾成了大家关注的头条新闻。雾霾天气越来越

---

① 南怀瑾（1917～2012），中国传统文化的积极传播者。他的著作将儒、释、道等各家思想进行比对，是学习中国传统文化的捷径。此外，南怀瑾还热心社会事业，1998 年 6 月 11 日由他筹资兴建的金温铁路建成通车。代表作有《论语别裁》《孟子旁通》等。

多，人们呼吸着饱含污染物的空气，心中与脸上是无论如何也笑不出来。燃煤、机动车、工业、扬尘等污染源排放量大，是形成雾霾污染的根本原因。而消除雾霾，绝非一件轻松的工作，如果没有生产方式、生活方式的根本性转型与变革，我们只能承受发展带来的雾霾代价。

雾霾还未散去，地下水污染的消息又接踵而来。地下水不同于地表水，被喻为人类的"生命水"。一旦遭受污染，治理需千年之久。如今一些企业为躲避查处，将污水通过高压水井直接注入地下，一些村庄沦为"癌症村"，"生命之源"变成"绝命之源"。城市中，越来越多的老百姓在家中安装净水机，才能饮用安全的饮用水；在一些河流的下游区域，越来越多的老百姓担心上游过度工业开发，污染河流和农田。①

空气、饮水都不安全了，哪还有什么幸福?! 这些都是非常现实的、不容回避的问题。根据英国和其他发达国家治理污染的经验，这个过程不仅需要时间，更需要智慧，在经济增长和环境生态保护之间找到恰当的平衡。

5. 人力资本的贡献率有待提高

据有关专家测算，在中国生产 100 个单位的 GDP，65% 来自于物，35% 来自于人；在美国生产 100 个单位的 GDP，75% 来自于人，25% 来自于物。两组数据一对比可以发现，我国经济增长中物的贡献比较大，美国经济增长中人的贡献比较大。同样的汽

---

① 2013 年，中国地质科学院水文环境地质环境研究所实施的国土资源大调查计划项目《华北平原地下水污染调查评价》成果显示，华北平原浅层地下水综合质量整体较差，且污染较为严重，直接可以饮用的地下水仅占 22.2%，未受污染的地下水仅占采样点的 55.87%，深层地下水综合质量略好于浅层地下水。据有关部门对 118 个城市连续监测数据显示，约有 64% 的城市地下水遭受严重污染，33% 的地下水受到轻度污染，基本清洁的城市地下水只有 3%。

车在国内生产和在国外生产的销售价格差距非常大，因为劳动者的综合素质和人力资本贡献率比较低。人才不济，是社会最大的不安全。

如何才能提高人力资本对经济增长的贡献率？学习是非常重要的渠道和途径。关于这个话题，我个人的感触特别深。在硕士研究生毕业 5 年左右，我就强烈地感受到硕士积累的知识储备释放光了，所以我向单位领导提出去读博士研究生。博士研究生毕业 5 年后，我再一次强烈地感受到博士期间积累的知识储备又释放光了。下一步，我该怎么办？不能再去读第二个博士了，我向单位领导提出去地方政府挂职锻炼。

挂职锻炼是最好的学习，是到"一线"实践中学习，甚至比在书本中学的东西更多更实用。2013 年，我在赣州工作的 1 年时间里，跑遍了 18 个区县，学到了书本中永远学不到的本领。古人讲"活到老，学到老"，如果你认为自己 3 个月没学习，觉得日子还过的很美，天天不看书，觉得并不是很空虚，如果这种状态持续三五年，仍不觉悟，那你以后就没有进步的空间了。当然，除了个人努力学习之外，政府、企业等机构加强职业技能教育培训，是提高国家人力资本贡献率的必由之路。

6. 综合维稳形势不容乐观

维护社会稳定始终都是一个国家及其政府的工作重点之一。1989 年 2 月 26 日，邓小平同志指出："中国的问题，压倒一切的是需要稳定。没有稳定的环境，什么都搞不成，已经取得的成果也会失掉"。

进入新世纪以来，社会群体性事件的数量和发生概率在快速增加。围绕着土地、房屋及其他利益的不公正待遇，很多人走上了上访的道路。在个人利益受到伤害、特别是对社会公正丧失信心的时候，容易引发个人报复社会的极端暴力行为，将个人事件演化为社会事件，加大了国家管理社会的综合成本，甚至危害经济发展及社会安定。

我有一位好朋友，在某省直单位挂职工作，住在单位的宿舍楼里。有一天，大概凌晨四点左右时分，她突然醒了，睁开眼睛一看，有两个男同志站在她的床前，正伸手拿枕头旁的手机和项链，她本能地大叫出来，叫的非常难听，结果把这两个男同志吓跑了。三天后，我见到她，脸色蜡黄。我以为是工作辛苦劳累过度所致，她告诉我真正的原因后，我说幸亏把这两个男同志吓跑了，要是没把他们吓跑，后面会发生什么，真的很难预料。

这是 2013 年 3 月底发生在南昌的事。她告诉我以后，因为我在赣州工作也是一个人住，时不时地半夜里醒来，我常常在睁开眼时设想，如果我的床边站着两个男同志，我会怎么反应？不要说两个男同志，就是两个女同志，你也会被吓得受不了。面对这样一种社会不安全，我们该如何来回答，财政该如何来治理？

7. 全球不安全因素日益加大

2008 年以后，世界政治经济格局进入大调整、大动荡、大变革时期。美国引发了全球金融危机，欧洲出现了国家主权债务危机，日本 20 年经济停滞和缓慢发展，世界经济复苏曲折缓慢，全球不安全因素日益加大，在中国周边出现了很多不稳定因素，外向型经济发展模式受到前所未有的冲击，进一步放大了国内经济社会发展的不确定性。

2012 年 12 月 27 日，李克强总理到江西调查研究，在九江召开的区域经济协调发展座谈会上，李克强总理提出的"既要抢占金边银角，也要谋事布局"。随后，"中三角"概念逐渐浮现出来。展望未来，外部的不稳定、不确定性因素逐渐加大的情况下，沿海沿边发展战略受到冲击，那国家怎么办？应对外部冲击的能力大小，取决于内部实力。协调推进国内各区域的经济社会协调发展，特别是推动中西部地区的加快发展，是应对外部冲击的最佳办法。将外部压力转化为内部动力，是摆在我们面前的一项非常现实的任务。

综合上述七个方面，可以大致揭示出新中国第三个 30 年里我们需要解决的主要问题，既有经济建设重任，又有公共服务职责。毋庸置疑，只有通过将政府职能从经济建设转向公共服务，才能从根本上消除上述一系列公共不安全。只要立足现实，清醒面对问题，制定正确的政策，中国未来 30 年是充满希望的，经济社会发展一定可以实现既定的预期目标。

二、从经济建设型政府到公共服务型政府

改革开放前，中国政府管辖范围之广，几乎到了无所不包的地步。1978 年后，数次政府机构改革将全能型政府逐步改造为经济建设型政府，走改革开放之路，促经济增长与发展，成为各级政府的第一要务。三十多年持续改革与开放，开创了现代化建设新局面，同时也将中华民族的伟大复兴推向新的历史起点，人均 GDP 在 2003 年首次突破 1000 美元，2014 年提升至 6767 美元，社会主义市场经济体制的基本框架初步建成，中国步入"黄金发展期"。

与此同时，我们也面临着更严峻的考验。"黄金发展期"同时伴随着"矛盾凸显期"与"问题多发期"，深化改革阻力变大，扩大开放风险骤增，资源环境制约趋紧，社会矛盾冲突加重。在这种情况下，正确处理好经济建设与公共服务供给的关系，不仅是政府解决现实问题与破除社会矛盾的重要途径，而且还能为持续增长与长远发展提供新的动力。

经济建设与公共服务供给，是一个事物的两个方面，其根本

目标是一致的，都是为了满足广大人民群众日益增长的物质文化需要。然而，一定时期的社会资源毕竟是有限的，用于经济建设的多了，必然导致公共服务领域的减少。两者之间，既矛盾又统一，不能割裂开来，顾此失彼，只能相辅相成，协调发展。

党的十六大决议提出，政府主要做好四项内容："经济调节、市场监管、社会管理、公共服务"，这是从党的文件上第一次提出建设公共服务型政府。随后，2003年的"非典"疫情使全国上下进一步意识到，经济建设一条路走下去，会带来"一条腿长，一条腿短"的畸形局面，现实迫切需要把社会这条"短腿"补齐。自2003年至今的十余年时间里，中国政府开始从经济建设型政府逐渐转向公共服务型政府。

但是，这样一个转换不是十年就能完成的，在今后相当长的时间里政府都将处于"双型政府"阶段，既有经济建设的任务，又有公共服务的责任，但公共服务的重要性将更加突出一些，这是经济社会发展规律的客观要求。公共服务型政府转型，呼唤财政收支结构的公共化。过去十年，财政的公共化进程已经开启，并取得了显著成就，但也面临诸多问题与不足。认识清楚目前的现状，是推动财政收支结构变革的起点。

1. 财政收入规模与结构

改革开放以来，中国财政收入总规模实现了持续快速增长。1994年是一个重要的分界线。此前，中国财政收入增长态势极其不稳定，畸高畸低，波动性很大，高的时候20%多，低的时候只有3%。1994年推行了分税制财政体制改革，此后财政收入增长态势稳定下来，基本稳定在15%～25%，最高的年份在30%左右，最低的年份在10%左右。2009年受美国次贷危机的影响，财政收入增幅跌至11.7%，2010年又迅速调补回来。2014年受全球经济增长放缓的影响，财政收入增幅只有8.6%。自1994年至今，始终未出现 1993 年以前 3% 或 5% 低速增长状态。这是分税制财政体制改革所取得的历史功绩。

上述事实表明，分税制财政体制改革不容否定，更不能歪曲。如果说分税制财政体制有问题，那就是这项改革没有进行到底，只改到一半，省以下分税制至今未能真正建立起来。

在发展过程中，有成就，也有问题。全国财政收入在 1999 年突破 1 万亿元大关，2003 年突破 2 万亿元，2005 年突破 3 万亿元，2010 年达到 8 万亿元，2014 年突破 14 万亿元。于是，社会上有人抱怨财政收入增收太高，出现了"国富民穷"现象。改革开放之后，老百姓富裕起来，但是"端着碗吃肉，放下碗骂娘"的人越来越多。我们应该如何认识这些现象？问题究竟出在哪里呢？

判断一个国家的财政收入是多了还是少了，不能凭个人的感觉，要有客观依据。财政经济理论提出财政收入占 GDP 的比重这样一个评价指标。一个国家的财政收入占 GDP 的比重如果低于 25%，那么这个国家的财政收入不是多了，而是少了。西方发达国家近代数百年历史告诉我们，一个国家的财政收入占本国 GDP 的比重必须高于 25%。否则，将不能履行政府财政所承担的历史使命。

中国财政收入占 GDP 的比重是多少？从 1993 年至今，从来没有超过 22%，低于 25% 这一国际经验标准。这表明，中国财政收入不是高了，而是低了，下一步改革的建议仍然是增加财政收入。但是，为什么很多人的感受不是这个样子，而是感受到国家富了，百姓穷了。到底是教科书的理论错了？还是老百姓的感受不对呢？

我认为，老百姓的感受是对的，教科书也没错，解释这一矛盾现象的关键，是财政收入统计口径出了问题。理论上，财政收入占 GDP 的比例中的分子是整个政府的全部收入，而中国现行财政收入只是政府收入的一部分，不是全部，政府总收入远远大于财政收入。据多个研究机构测算，有接近 10 万亿元的政府收入未纳入财政收入的统计。[1] 窄口径的财政收入占 GDP 的比例低于 25%，大口径的政府总收入占 GDP 的比例远高于 25%，这就是老百姓抱怨"国富民穷"的真正的原因。

政府强大，不代表财政强大。现实的状况是，一方面缺钱，另一方面又有很多钱管不住；一方面很多事没有钱去保障，另一方面又有很多钱乱做事。无论哪一个方面，老百姓都会有意见。从这个角度来讲，未来财政改革必须把游离于财政以外的政府收入全部纳入政府预算管理。

2012 年以来，受国际国内诸多因素影响，中国财政增收的形势非常不乐观，少数月份甚至出现负增长。客观讲，任何一个社会，任何一项工作，都不可能总是一帆风顺。条件好的时候，财政增收快一点；条件不好的时候，财政增收慢一点。但是，在 10 年或 20 年抑或 30 年的大周期之内，应该维持一个相对稳定的财政收入增长格局，我认为这是一个比较客观、科学的态度。

2. 静态财政支出结构

所谓静态财政支出，是指某一个时点的财政支出的安排情况。以 2010 年为例，全国财政支出总计约为 8 万亿元，其中教育支出 14%、医疗卫生支出 5.3%、社会保障支出 10.2%、科学技术支出 3.6%，财政支出结构具体指标可以在财政部网站上查询清楚。8 万亿元财政资金花完了，花的怎么样？结构合理不

---

① 社科院专家和财政部科研所专家都做过相关测算，一致认为，政府总收入占 GDP 的比重至少要在 35% 以上，甚至有专家提出，高限可能会达到 45%，也就是说 GDP 的一小半都掌控在政府手中。

合理？

对于这个问题，可谓是仁者见仁，智者见智。但有一点非常重要，我们应该用何种客观的标准来评价一个时点上的财政支出结构是否合理？财政经济理论总结了西方发达国家近代财政发展史，基于历史经验提出，判断一个国家或地区的静态财政支出结构的标准，是公共服务支出占财政总支出的比例不能低于65%。

中国2010年政府公共服务支出占财政总支出的比例是多少？是高于65%还是低于65%？很快，就有人提出新的疑惑，在财政支出中，哪些钱属于公共服务支出，哪些钱不属于公共服务支出？国家统计局没有这样一个专门的统计口径，所以无法测算出一个准确的答案。

其实，世界上很多国家都面临着同样的问题，没有规范、统一的公共服务支出口径。这时，需要修正理论或创新理论，以适应并服务于现实。财政经济理论学家根据现实情况做出了相应的修正，如果一个国家没有规范、统一的公共服务支出，但一定有最重要的三项公共服务支出，即教育、医疗卫生和社会保障，这三项支出加起来占财政总支出的比例不应低于50%。

中国2010年这一比例是多少，可以马上计算出来，教育、医疗、社保三项支出占财政总支出的比例为29.5%，离50%的国际经验标准差距非常大，这意味着我国社会事业发展相对滞后。换句话说，我国政府的经济建设职能非常强大，公共服务职能相对薄弱，政府转型的历史进程远远没有完成，未来需要逐步提高公共服务支出占财政总支出的比重。

3. 动态财政支出结构

所谓动态财政支出，是指某一时期内财政支出的结构变动。前面提到的财政收入和支出问题，国家领导层早已察觉，并付出巨大努力去解决这些问题。2003年以后，加强与改善民生成为政府工作的一条主线，民生财政建设随之成为中国财政支出结构动态调整与保障的重点，具体集中在以下六个领域。

第一个重点是"三农"。过去十多年，每个年度的中央1号文件都是支持和改善"三农"，但即便付出了长达十多年的努力，"三农"领域的问题仍然没有解决，这可能是需要我们再用30年时间才能有效缓解的一个瓶颈领域。

第二个重点是教育。过去十多年，我国义务教育免费变成了现实，职业教育正在走向免费，高等院校的师范类教育也已经免费。2012年全国财政对教育的经费拨款达到了GDP的4%。即便如此，仅仅解决了一部分问题，还有许多问题没有解决，未来教育经费的保障还有许多工作要做。

第三个重点是医疗。2013年"非典"疫情暴发后，医疗卫生事业开始受到高度重视，财政经费支出规模与过去20年相比发生了翻天覆地的变化，全民医保制度开始在全国建立起来。当然，目前的保障标准还比较低，公立医院改革的任务也非常艰巨。未来，仍然需要继续改革与完善全民医疗保障制度体系。

第四个重点是社会保障。以养老保险为例，过去是县级统筹，逐步走到市级统筹，然后走到省级统筹。党的十八大报告进一步提出基础养老保险要走向全国统筹。除此以外，其他一些社会保障项目也在过去十年有了很大的改进。当然，我们也遇到了新问题，如住房保障，成为新时代的难题。现在越来越有钱了，却有很多人买不起房子，尤其是大城市。

第五个重点是科技。现代科技日新月异，产品日益丰富，但很多核心技术不在我们的手中。一部手机，你花了2000元钱也好，4000元钱也好，大头都给了外国人，手机外壳是中国生产的，核心的元部件不是我们生产的。党的十六大以来，我们下决心走自主创新的发展之路。现在，有很多政策支持企业实现自主创新，在这个方面财政的资金与政策支持越来越大。

第六个重点是文化。随着物质生活水平的提高，居民文化层面上的需求开始大幅增长。十年来，虽然政府不断增加大文化领域的支出保障力度，但依然非常薄弱。据测算，2006年全国财政文化经费支出分摊到每一个老百姓的人头上，农村一人一年可以享受到1.5元，城市一人一年可以享受到4.5元。多年过后，这样一个标准有了一定程度的提升，不要说翻了两番，就是翻五番，又能翻到什么程度去？文化这个阵地，政府不去占领，就会有其他的力量去占领。文化看似无关紧要，实质却发挥着不可或缺的重大作用，深刻影响经济发展与社会进步。

4. 各级政府间财政结构

在1994年之前的十年，中央财政收入的形势非常不乐观；1994年以后中央财政收入的形势快速好转起来。地方四级政府的财政收入占全部财政收入的比重降到了50%左右，财政支出却占全国财政支出的70%以上，这是1994年分税制改革以后呈现出来的一个新变化。大约全国财政收入的一半被中央拿走了，这样的体制安排有其科学合理之处，增强了中央宏观调控的力度，有利于维持全国各区域均衡协调发展。

地方政府、特别是市县基层政府承担着繁重的事权和支出任务，钱不够怎么办？为此，1994年分税制体制设计建立了财政转移支付制度。中央集中的财政收入自己并没有全部花出去，其中75%的资金通过一般转移支付和专项转移支付等方式重新分配给了地方政府，在财政宏观调控的同时弥补了地方支出的缺口。但是，现行分税制体制运行到今天，也积累下一系列问题，比如事权划分不清、支出责任划分不明、收入权划分不科学、转移支付资金分配不规范等，亟待改进和完善。

牛津大学的黄佩华教授长期关注中国财政改革与发展，她曾提出中国财政体制一个突出的问题就是转移支付规模太大，中央财政收入的2/3以上的资金重新再分配一次，集中一次有管理成本，分配一次有交易成本，这个钱怎么分？分多还是分少？都有可能引发新的问题。这位外国专家的意见值得重视，未来财政体制改革的任务依然非常艰巨。

5. 财政收支管理的制度结构

财税部门通过多种渠道把各类财政收入征收上来，最终还是要支付出去。自1996年至今，在近二十年的时间里，相继推行了政府采购、部门预算、国库集中收付、非税收入、政府收支分类、行政事业单位资产管理、政府预算绩效管理、地方政府债务管理以及政府会计制度等一系列改革，使得财政收支管理的科学化、规范化、现代化水平越来越高。

与此同时，还在收入分配关系层面上进行必要的调整和完善，取消农业税，微调部分税制，推行省直管县、乡财县管等改革，调整和清理整顿工资津补贴等。应该说，在收入分配领域，还有很多措施亟待推出，以缩小社会收入分配差距、维护良好的分配秩序。

在财政与经济的关系层面，通过财政制度、政策、机制等渠道，促进经济发展方式转变，推进实现人与自然、人与社会的和谐相处。2012年年底至今，生态文明建设成为新时期财政工作的重要内容。财政收支管理的制度结构，要不断适应新形势，继续完善与创新。

通过上述五个视角的剖析，简要梳理和回顾过去十多年我国经济、社会及财政领域发生的变化。应该看到，党和政府领导人民解决了一部分问题，但是依然有不少问题尚未得到彻底解决，甚至有不少问题仅仅破题而已。中国经济直线飙高三十多年，已经积累了相当丰富的社会财富。然而，在越来越富裕的今天，却发生了不少怪事促人反思，除前述各类公共安全问题之外，还存在着高速公路无限期收费或"换马甲"收费、高收入者不缴或少缴个人所得税、夫妻假离婚逃避税收等诸多社会问题。从根本上讲，导致这些问题产生的原因，是社会财富配置失衡。推进财政收支结构变革，是矫正社会财富分配格局的必然选择。

三、财政收入结构变革的方向与重点

财政收入结构变革要回答的问题，是财政的钱从哪里来？2014 年，全国财政收入大约 14 万亿元。粗略地看，具体来源于税收、非税、国有企业红利等方面。从理论上讲，税收收入的比重要尽可能高一点，非税收入的占比不应过高，土地出让收入应考虑可持续性，国有企业红利要实现全民共享。

1. 政府非税收入制度

2014 年 11 月 22 日，原京石高速公路河北段（现 G4 京港澳高速公路京石段）因收费年限到期停止收费。仅仅 40 天后，在原京石高速的路基上，"新京石高速"重新上岗，并获得 22 年的收费权，被媒体指责为"换马甲"收费。[①] 2014 年 12 月 2 日，山东省交通部门宣布 2014 年底到期的 15 条（段）高速公路将继续收费，理由是"贷款没还清，还有巨额的养护费"。[②]

高速公路收费问题，是被社会诘问了无数次的老大难问题，舆论质疑的焦点主要是高收费、延时收费和支出流向不透明。类似的问题，同样存在于其他非税收入领域。因此，社会上流行着

---

① 斯远：《高速公路"换马甲"收费就合理了？》，载于《新京报》2014 年 12 月 14 日。

② 《高速收费 1 年 4000 亿 统贷统还遭质疑》，载于《新京报》2014 年 12 月 1 日。

一种非常极端的观点，应该把所有的非税收入全部取消掉，否则无法消除乱收费现象。在这种声音的背后，反映了非税收入管理的不规范、不科学、不公开等弊端，同时也是对建立规范、科学、公开的非税收入制度的深情呼唤。

非税收入是相对于税收收入而言，广义上讲，税收和政府债务收入以外的财政收入统称非税收入，大到土地出让收入、三峡库区移民专项收入，小到护照费、结婚证书工本费等，涉及老百姓生活的方方面面。现实中，既存在乱收费等不合理的现象，也存在应收未收的流失现象，需要我们在尊重客观规律的基础上健全政府非税收入制度。

非税收入是政府财政收入的重要组成部分。在不同级次的政府中，非税收入占据着不同的地位和作用，越是基层政府对政府非税收入的依赖程度越大，中央财政收入中非税收入的占比大约10%左右，而县级财政收入中非税收入的占比几乎是"半壁江山"。由于非税收入在中央收入中占比很低，全国非税收入管理的立法工作进展缓慢，财政部早在 2003 年即已提出研究制定全国政府非税收入管理条例，但时至今日仍未出台。

现实中，非税收入与地方经济发展水平呈正相关关系。越是经济发达的地区，政府非税收入的规模越高。从全国情况看，浙江、广东、山东、江苏 4 个省的非税收入规模远高于其他省市的非税收入。据山东省财政部门测算，1998～2008 年，全省非税收入增长率与 GDP 增长率的比值为 1.03，非税收入增长率与税收收入增长率的比值是 1.12。因此，政府非税收入有其存在与发展的合理空间，不能一味压缩和盲目取消。

然而，非税收入征管主体非常分散，管理难度极大。与税收收入不同，政府非税收入分散在政府各部门之中，几乎所有部门都有非税收入征管项目，特别是公路、水利、工商、交通、国土资源、城建、工业、教育、卫生、公检法等部门，非税收入规模较大。众多的收入征管主体，繁杂的征收项目，覆盖全社会的征缴对象等事实表明，只有通过制定法律规范，才能约束住非税收入征、管、用等行为。

随着经济社会发展，政府非税收入还在不断推陈出新。过去，家庭轿车未普及，城市停车费收入寥寥无几。当前，汽车开始进入千家万户，无论是大城市，还是小县城，停车难已经成为亟待解决的现实难题，城市停车费收入大幅快速增长。再比如，国库集中收付制度改革使得原来闲置在各单位账户中的资金，集中到中国人民银行的国库账户中，为国库现金管理运作创造了条件。财政部只是将数千亿元国库沉淀资金改变成商业银行定期存款（1 个月、3 个月、6 个月或一年），即已获得数百亿的利息收入，这也是新时期政府非税收入的一种形式。

基于上述认识，中国非税收入管理与改革的方向是，在分类规范、分流归位的基础上，尽快制定全国政府非税收入管理条例及必要的专项非税收入管理条例，按照 2014 年《预算法》修正案的要求将所有非税收入纳入全口径预算管理，建立健全政府非税收入管理制度，准确界定政府非税收入管理的对象，清晰划分中央、省、市、县等不同层级政府的责权利，建立动态监督监控机制，借助现代信息技术，实现执收单位、财政、商业银行之间的网络互通，强化对执收单位执收行为、资金收缴及票据使用的日常稽查，及时纠正和查处相关违规违纪行为。

此外，还需要加强政府非税收入的支出管理。收入征缴不是非税收入管理的目的，把收上来的资金安全、规范、有效地使用出去，才是非税收入管理的使命所在。现有部分省市出台了地方政府非税收入管理条例①，但对于资金的支出管理没有做出相应的法律规定，一定程度上降低了非税收入管理条例的全面性、科学性、客观性和严肃性。

2. 现代税收制度

直接税在税收收入中的比重，是衡量一国税收收入制度是否科学合理的一个重要指标。按照 2012 年国家税务总局统计口径，在全部税收收入中，来自流转税等间接税的收入占比为 70% 以上，而来自所得税和其他税种等直接税的收入合计占比不足 30%。国外的情况与我国恰恰相反，2007 年美国、法国、瑞典、澳大利亚四国的所得税、财产税收入合计占比为 78.4%、60.5%、64.3%、72.8%；泰国、摩洛哥、秘鲁、俄罗斯四国的占比为 43%、42.7%、44.1%、43.5%。

据中国税收收入统计资料，1973 年直接税在税收收入中的比重约为 18.1%，1985 年约为 38.9%，1994 年约为 23.6%，2008 年之后回升至 30% 左右。通过纵向的数据比较，当前直接税的占比甚至低于 1985 年的水平。1985 年改革开放从农村走向城市，当时老百姓最大的梦想是成为"万元户"。今天是个什么状况？还有没有人梦想当"万元户"？在已经富裕起来的那部分人中，"百万元户"可能也要列入穷人的行列。可见，社会收入分配在 20 年间发生了非常深刻和巨大的变化。但是，税收制度没有实质性变化。

在北京，我的一位朋友开了一家律师事务所，他给自己定的工资标准是每月 2000 元，后来个人所得税起征点提高了，他的

---

① 截至 2014 年年底，湖南、广西、内蒙古、甘肃、青海、浙江、云南、江苏、海南、河南、宁夏 11 个省（自治区）相继出台了《政府非税收入管理条例》，河南、安徽、湖北、辽宁、陕西、吉林、贵州、河北 8 个省先后出台了《政府非税收入管理办法》。其中，四川已经进入立法程序，广东、黑龙江正在准备立法。

工资也随之提高。作为一名中高收入阶层的成员，他1分钱的个人所得税也没有上缴。中国每年70%的个税都是由中低收入群体缴纳，高收入群体缴纳比例反而很小。2013年，中国个人所得税收入6531亿元，占全国税收收入的比重约为5.91%。相比OECD国家35%（2009年）、美国46%（2009年）的比重，中国个税尚处于"幼年"阶段。进一步看，美国3亿多人口，约1.6亿人缴纳个人所得税，中国实际缴纳个税的人口占整个劳动人口的比重远低于美国的水平。

进入新世纪以来，中国综合国力快速提升。正在赶超美国的我们，遇到了许多问题，恰似当年美国赶超英国时的境况。美国近代百年史，同时也是个税制度变革史。1913年，美国建立了以家庭为单位、按年度纳税的个税制度；1917年，为筹措"一战"经费，把个税最高边际税率由15%提高到77%，增幅高达413%。战后，个税税率下调，1925年降到25%。100年来，美国个税最低边际税率平均为11.78%，最高边际税率平均为59.20%，成为美国联邦政府财政收入的最主要来源。当前，中国经济成功腾飞，社会全面发展。党的十八届三中全会已经明确提出"逐步建立综合与分类相结合的个人所得税制"，只要有攻坚克难的意志与魄力，个税改革一定能够交出一份让人民群众满意的答卷。

与个税相类似，房地产税制也迫切需要改革和完善。自1998年至今的17年间，在数不清的高楼大厦拔地而起的同时，住房价格也快速上涨数倍乃至10多倍。为确保房地产业的健康发展，2005年3月，国务院将房地产业调控上升到政治高度。2006年6月1日之后，个人购买不足5年的住房对外销售全额征收营业税。同年7月26日，开始对二手房转让收入征收个人所得税。2010年9月29日，国务院要求各地制定实施"限购令"细则。

2011 年 1 月 28 日，上海、重庆两市开始推行房产税改革试点。

上述这些措施，连同相关金融、土地等手段，显现出政府调控楼市的决心。在这种背景下，不少家庭通过夫妻假离婚来逃避税收，这一行为可以获取微利，但有悖社会伦理，实在出乎政策预期。真正的高收入者，是不可能为了逃避区区几万元税收而离婚的。只有中低收入的家庭，才看重这点为数不大的利益。从根本上讲，离婚的家庭并没有错，那是他们的权力。对广大的工薪阶层而言，在房价高企的今天，一套住房意味着一辈子乃至数辈子的薪金收入。在每一个家庭付出的房款中，已经包含了价格不菲的土地租金以及数量不等的契税、印花税、营业税、个人所得税、城建税、土地增值税等。在老的税费政策之上，又出台新的房产税政策，相当于在本已沉重的购房负担之上再加新负，就难以保证不引发反感情绪和逃税行为。

税收是政府调控房地产业的重要工具。党的十八届三中全会决议提出"加快房地产税立法并适时推进改革"，要求系统研究与统筹推进房地产业税收制度改革，不能"脚痛医脚、头痛医头"。调控房产持有环节的两极分化，是健全房地产税制的首要目的，绝对不能出现一小部分人占据大多数住房的格局，"买房的人不去住，住房的人买不起"的社会，不可能是和谐社会，也不可能实现中华民族伟大复兴的中国梦。房地产税的调控，不能伤及无辜的中低收入群体，需要在充分尊重国情世情的基础之上，最大限度地保护大多数家庭对住房的基本需求，这是政府持续获取房地产税收收入的前提，实质是保障了整个国家的房地产税基和整个社会的长治久安。

改革开放三十多年带来的经济繁荣，同时也导致了收入分配差距的不断扩大。行业之间、区域之间、城乡之间、群体之间的收入差距，如果不能控制在适当的限度内，将危及社会稳定与经济持续繁荣。形成收入分配差距的原因之中，有收入方面的贡献，但收入之外的资产差距的贡献更大，客观上亟待我们健全个人所得税、房地产税、资本利得税、遗产税、赠与税等税收制度，以维护收入分配的公平正义。

上述税收制度改革，需要建立在全面掌握居民及企业的收入、资产等信息基础之上。开展这项工作，明朝的经验值得借鉴。朱元璋建立明朝之后，于洪武三年（1370 年）推行户帖制度，在全国范围内进行人口普查。洪武十四年（1381 年）推行里甲制度，并以此为依托，建立黄册制度，以户为单位，详列乡贯、姓名、年龄、丁口、田宅、资产，并按从事职业划定户籍，分为民、军、匠三大类，规定黄册每 10 年一造，一式四份，一份上报户部，其他报布政司、府、县各一份。因为送上户部的册面用黄纸，故名黄册。为了打击隐瞒土地、逃避赋役的行为，洪武二十年（1387 年）在全国范围内普遍丈量土地，把全国土地田亩面积、方圆四至，编列字号，标上田主姓名，绘制成图册，一式四份，分存各级政府。因为图上田亩状类鱼鳞，故名鱼鳞册。鱼鳞册始于宋朝，但只在个别地区施行，明朝时在全国普遍推行。黄册和鱼鳞册制度相辅而行，构成了明朝赋役来源的根本保证[1]。

目前，现代化的"黄册"和"鱼鳞图册"制度在中国尚未普遍建立，这是建立现代税收制度的一项基础性任务。2010 年富士康深圳厂区有十多名工人跳楼自杀，在全社会引起强烈反响，促使社会各界共同反思如何正确处理新时代条件下的劳资关系。除《劳动法》《合同法》等渠道以外，还可以考虑发挥企业所得税的积极作用。对于未能合理保障工人的合法利益及福利的企

---

[1]　王天有主编：《明朝十六帝》，故宫出版社 2010 年第 3 版，第 34 页。

业，可以加征惩罚性的企业所得税；对于给予工人利益及福利保障较好的企业，可以减免一定比例的企业所得税予以奖励。基于对企业及个人的收入、资产等信息有效管理的基础上，才有可能实现税收制度的现代化及税收政策决策的科学化。

3. 国有资本收益分配制度

中国是公有制国家，国有企业与国有资本是国民经济的重要支柱。2012 年，全国国有企业实现利润 2.1 万亿元，只有 900 亿元以红利的方式上缴了财政。大家可以算一笔简单的账，900 亿元除以 2.1 万亿元这个比例大概是 4.5%。与法国国企税后利润上缴国家 50%，瑞典、丹麦、韩国等国国企利润需上缴 1/3 甚至 2/3 相比，中国国企上缴的比例真的是太低了。国有资本的性质是全民所有，其产生的收益应该全民共享。基于此，党的十八届三中全会决议提出将国有资本收益上缴财政的比重提高至 30%，为建立科学的国有资本收益分配制度指明了方向。

建立国有资本收益分配制度的前提，是国有企业或国有资本获得了利润收入。事实上，在 2003 年国资委成立之前，国有企业经营普遍困难，不要国家财政补贴就非常不错了，还论交什么利润。所以，1994 年分税制改革时，规定国有企业只缴税，不缴红利。从 2003～2006 年，中央企业利润由每年盈利 3006 亿元增加到 7547 亿元，增长 151.1%，上缴利润的问题随之提上了议事日程。

表面上看，近十年来的国有企业利润总规模增长确实很快。实际上，利润的 80% 以上都是来自于中石油、中石化、中海油、中联通、中移动、中电信等少数垄断企业。2013 年以各省 GDP 总量为参照量，中石油的营业总收入相当于整个河北省的 GDP 总量；中石化相当于河南省；国家电网相当于福建省；一汽和东风两家汽车公司相当于海南、宁夏、青海、西藏四个省。除少数垄断企业之外，其他大多数国有企业并不赚钱，上缴红利额度很有限，甚至可能还需要财政补贴支持国有企业改革与发展。这一现状从根本上决定了需要在分类管理基础上建立国有资本收益分配制度。

2007年9月，国务院发布了《关于试行国有资本经营预算的意见》，以资本经营预算的形式宣告终结了国有企业14年不上缴红利的历史。根据财政部与国资委制定的管理办法，国有资本红利的上交分三种类型：烟草、石油石化、电力、电信、煤炭5个资源性行业，上交比例为10%；钢铁、运输等一般竞争性企业上缴比例为5%；军工企业转制、科研院所企业3年内暂不上交。

十余年来，在国有企业经营形势实现根本性好转的同时，累计形成了没有上交的利润至少也要有几万亿的规模，这笔庞大数字其实代表着巨大的利益，其中只有不到5%上交财政，其他的部分流向哪里，成为全社会关注的焦点。根据2008年的数据，石油、电力、电信、烟草等行业的员工人数不到全国职工人数的8%，但其收入相当于全国职工工资总额的60%左右。在正常的工资收入之外，还有形形色色的隐形福利、灰色收入，比如停车卡、加油卡、休假补贴、误餐补贴、健身补贴等，进一步拉大了与其他企业行业员工的收入差距。

我们应该看到，垄断企业职工在企业发展过程中奉献了智慧和劳动，其收入水平理应与劳动付出相匹配。但人们不满意的是，一些国有企业的高收入、高福利，主要是靠对资源的强势占有或行政垄断取得的，与劳动效率、管理水平关系不大。有的国企依靠垄断地位，抓生产、搞建设，往往忽视市场规则，甚至不计成本、不顾盈利。在这种情况下，如果其职工收入总是"高高在上"，必然加剧社会不满，最终伤害的是企业自身及政府公信力。

因此，可以通过以下三个途径建立科学的国有资本收益分配制度。一是提高国有资本收益上缴财政的比例；二是针对垄断性企业开征特别收益金，将50%以上的利润上缴国库；三是限制国有企业员工工资总额和总体水平，缩小其与一般企业员工收入的差距。从根本上讲，国有资本收益分配制度的有效运行，最终依赖于破除各种形式的行政性垄断，积极发展混合所有制经济，建立健全现代企业治理结构，加速完成国企改革未完成的工作任务，增强自身竞争力，实现可持续发展。

四、财政支出结构变革的政策选择

财政支出结构变革要回答的问题，是财政的钱流向何方。公共化的时代要求、双型政府的职能定位，从根本上决定了财政支出的结构安排。具体地讲，要支持科技进步与自主创新、完善城乡基础设施建设、加强与改善民生以及扩大国内有效需求等。

1. 科技进步与自主创新

每个国家与企业无不渴望拥有先进技术及自主创新能力，古今中外概莫能外。然而，中国却有不少企业在经营战略上与此相悖而行，或者放弃自主研发通过与外商合资以图轻松获利，或者花钱引进技术却不消化吸收，甘当别人的"组装车间"和"加工基地"。由此形成的"政府热、企业冷"现象，制约着中国的经济增长与发展，不能不发人深思。

从经济学意义上看，这一局面的形成在很大程度上由自主创新的公共性特征所决定。任何一个企业走自主创新之路，要付出相当大的人力、物力和财力，还要面临"血本无归"的风险，其创新活动具有资金大、风险高的特点。一旦企业实现自主创新，可改进自身产品质量，也可为其他企业提供仿效与学习对象，从而增进国家生产能力及社会福利水平，其创新活动具有正外部性效应。企业欲通过自主创新取得成功，必须以充分的科技信息为基础，融企业家、情报专家、科学家等多位于一体，而现实中其创新活动面临着严重的信息不充分的制约。

上述公共性特征决定了政府在自主创新中承担着不可推卸的责任。一是基础性的科学研究，企业不愿也无力承担，只能由政府投资，在自主创新问题上需划清政府与市场的界限；二是政府要向企业提供财政补贴或税收减免，以解决由正外部性带来的成本大于收益的问题；三是政府应立足于全球搜集科技情报信息，并对其做出正确分析与预测，指导企业走自主创新之路；四是政府需大力推进初、中、高不同层次教育的全民发展，提高全民族科学文化素质，为企业自主创新提供足够的人才储备。

英国的经验值得记取。19世纪70年代，面对美、德新兴工业的竞争，英国资本家不愿耗费资金更新设备与采用新技术，也不愿冒险建立新工业，宁可继续投资于传统产业。英国政府则认为，要把新技术应用于军事以维护其海上强国地位，至于民用工业落后一些无碍大局；还认为教育是个人之事而非国家之事，使得第一个工业国家却成为最后一个实现全民教育的工业国；在政府的科技投入方面，经费少，试验设备不足，管理混乱，科技人员地位、待遇差成为普遍现象。以上情况在进入20世纪后才有所改变。然而，政府执行保守政策的结局只有一个，即被后进国家赶超。

如果一个企业在自主创新面前裹足不前，损害的是该企业及其员工的长远利益；如果政府在自主创新面前裹足不前，损害的则是整个国家的根本利益。只有当民意与政府意志有机结合时，才会融政府、企业、个人三方力量于一体，产生出合力效应与推动作用。因此，自主创新能力的提高当从政府始，其关键不在于政府说了些什么，而在于政府做了些什么。

2. 城乡基础设施建设

在高中时代的 3 年里，每逢周六放学后，我便高高兴兴地骑上自行车，大约 1 个多小时，从县城回到 40 里地之外的农村老家。星期天午饭后，推车出门，经过一条坑坑洼洼长约 10 里的土路，拐到通往县城唯一的一条柏油铺成的国道上来，穿越数十个村庄后，回到位于县城中心的学校。公路两旁的一草一木，无一不刻在我的内心深处，而留给我印象最深的记忆，是沿途房屋的墙壁上用各色颜料涂写的"要想富，先修路"的六字标语。

今天再回农村老家，过去熟悉的老路，已经荒废成残破不堪的样子，失去了往昔的记忆。从县城通往农村老家的快速公路已经多达三条以上，每次开车回家，不小心走错路口，都要经过七拐八拐，才能回到生活过 18 年的小村庄。一路上，已经没有了坑坑洼洼的土路，连同村庄里的胡同，都已修建成水泥路。

在改革开放的第一个 30 年里，修路始终是山东省经济社会发展的优先选项。从高速公路、快速通道、县县通、村村通，一直修到每个村庄、每个家庭的院落门口。从农村走向外面世界的出口越来越多，越来越有效率。优先发展与持续完善的交通网络体系，为远离城市的农村带来了能量和新风，为经济社会发展注入了生机和活力。

2013 年我到赣州工作时发现，赣州历史上曾是全国数得着的繁华都市，在长达一千多年的水运时代，由于境内自然水系发达，成为内陆通往岭南与沟通海上丝绸之路的交通枢纽，决定了赣州经济社会繁荣发展的格局与水平。自清末直至民国中期，赣州的交通优势地位被新式交通通道渐渐取代。1897 年，晚清开始修建京汉铁路，历经 10 年时间建成通车。1898 年，晚清着手修建粤汉铁路，虽经 38 年才修建成功，但自此之后，货物客运经长沙、武汉流通南北的交通格局已经形成，中国进入铁路交通新时代，不仅赣州，包括整个江西，在东侧京沪、京福铁路及西侧京广铁路的包围中，失去了水运时代的优势，慢慢衰落下去。

赣州的衰落，是赣州的大不幸，但是新中国之大幸。1927年秋天，毛主席率领红军开始远离交通便利的湖南、湖北，走上井冈山，走向正在失去交通优势地位的赣南、闽西，并从这里经过两万五千里长征，走到陕北，最终建立了新中国。赣州交通的相对衰落，成就了新中国另一种辉煌。2003年之后，赣州市县高速公路网络体系建成通车，2013年昌吉赣城际铁路获得审批，并将向南延伸至深圳，大大改善赣南地区的交通运输条件，促进区域之间资源开发和经济社会发展，将赣州全面推向振兴发展新时代。

交通基础设施是城乡基础设施建设的首要选项。此外，还有许多社会基础设施需要投资建设。我在广东调研时发现，很多早已富裕起来的农村，被各种生活垃圾包围着，城市里有环卫队伍，农村里却没有维护环境的机构，类似的诸多问题都需要尽早予以妥善解决。

3. 现代职业教育体系

长期以来，中国教育的经济投资结构偏重于大学教育，既取得了显著成绩，也积累了不少问题，尤其是职业教育发展较为薄弱。从理论上讲，职业教育是与经济发展联系最直接、与产业企业竞争力提高联系最紧密、对就业贡献最显著的一种教育，是培养高素质劳动者与技能型人才的主要途径，是把科学知识转化为具体技能和现实生产力的桥梁，是促进社会融合、实现社会稳定、减轻贫困程度的"万能钥匙"，是提升国家、产业、企业竞争力、实现国民经济可持续发展的重要基础。

反映在实践中，无论是发达国家还是新兴工业化国家，都非常强调职业教育的重要地位，把发展职业教育作为一项重要的强国战略，德国、美国、澳大利亚等发达国家更是将高中阶段（年龄在16~19岁）的职业教育纳入义务教育的范畴。经过长期发展，西方主要发达国家率先建成内容全面、结构科学、与普通教育多桥互通、与经济社会多元融合的现代职业教育体系。

国内外经验表明，职业教育是全体社会成员都需要的一项公共产品，是市场不能有效提供而应由政府主导供给的一项公共服务，符合国家和社会的公共利益，可以使国家、社会、企业和个人四个主体共同受益。通过发展职业教育，国家可以获得发达生产力和核心竞争力，社会可以实现稳定合和谐，企业可以获得产品竞争力和附加价值，个人可以提高生存能力和工资收入水平。

职业教育的公共产品属性决定了公共财政需要承担起支持职业教育发展的资金投入和政策引导等责任。在中国，职业教育受教育群体具有很大的特殊性，中等职业教育的学生中超过90%来自农村，高等职业教育的学生中来自农村和经济困难家庭的学生比例也相当高。因此，国家财政更有责任加大对职业教育的资金和政策支持力度，这不仅符合现代财政制度建设的基本方向，而且对于促进社会公平与经济科学发展具有重要的战略性意义。

在这种背景下，需要以政府为主导，统筹社会财力资源，保障职业教育经费投入稳定增长。一是建立未成年人基础职业教育投入政府全额承担机制，确保各类职业院校基础能力建设、教师工资、公用经费、免学费、补贴生活费等资金足额到位与逐年稳定增长；二是建立成年人准基础职业教育①投入政府与行业企业

---

① 所谓成年人准基础职业教育，是面向社会有转移、择业、换岗等培训需求的成年人的教育，使其具备和提高再就业和创业的能力，是准公共产品，由政府、行业、企业与个人共同承担。具体包括：农民工转移技能培训、下岗职工再就业培训、转岗职业培训、职后职业教育、成年人高端技能职业教育（即高等职业教育）等。

和社会的共担机制，形成政府主导，行业、企业、社会和个人参与的经费投入结构；三是建立高等职业教育经费由政府与社会分担机制，分类核定高等职业院校学生平均培养成本，制定国家与个人共担经费的标准，合理确定中央政府、省政府及市县政府的职业教育投入职责，分级承担职业教育经费；四是创新均等化转移支付制度，建立未成年人基础职业教育均等化转移支付制度，改革完善现行财力均等化转移支付的分配要素，加大未成年人基础职业教育均等权重，建立东部地区支援西部地区职业教育专项转移支付制度和完善国库资金集中支付制度，鼓励东部地区招收学生、培训教师、合作办学等，共享东部地区优质职业教育资源。

4. 医疗财政体制

2003 年以后，国家财政给医疗机构的拨款越来越多。但是，按照什么标准给医疗机构确定拨款的额度？能不能把这些钱真正用好？医疗体制改革方案已经出台，公立医院改革也在探索。然而，深层次的问题，远远没有得到解决。

钟南山院士接受中央电视台记者采访的时候，他讲了自己的一个困惑，希望记者能够帮他回答、解决这个问题。同时，他的困惑也是推进医疗体制改革，尤其是公立医院改革的核心问题。

钟南山院士说，10 年前，他坐诊一天的收入是 10 元。通过 10 年的努力，由于医疗水平特别是"医德"提高了，给病人开 50 元的药费就能治好的病，他不忍心开 100 元，他坐诊一天的门诊收入从 10 元下降到 1 元。他说，在单位里他不受欢迎，同事们对他寄予很高的厚望，但是他没有达到同事的预期。他所在的医院把他当作一棵"摇钱树"，但是他"生"钱的能力越来越低。他说："我不知道这样做是对还是错，下一步我该怎么办？"

当前的医院财务体制，是在奖励医德差的医生，惩罚医德高的医生。谁开大处方，谁的职务高、谁的职称高、谁的收入高。当然，中央电视台记者没能回答他这个问题。钟南山院士最后自问自答，他说："我做的是对的，降低了老百姓的医疗成本，降低了整个社会的医疗总费用，给国家和社会做出了贡献，因此一定要坚持下去"。

但是，这样做下去，对他所在的医疗机构，做的不是正贡献，甚至是负贡献，这怎么办？钟南山院士提出："由此导致的资金缺口，财政应该予以弥补。"我认为，钟南山院士不仅是医生，还是财政学家。我非常赞成他的观点，财政应该做自己该做的事，不能仅仅按照医院床位数的多少为医院拨付财政资金，应该依据更全面、更客观的标准，为各类公共医疗机构提供稳定而可靠的资金保障，只有这样才能推动医疗事业发展及公立医院改革。

健康权是最基本的公民权利，是社会起点公平的重要保障，也是经济和社会可持续发展的保障，基本医疗服务是政府有责任组织提供的公共产品。从国际经验看，通过适当的监管和激励，使各类医疗机构向城乡居民提供基本医疗、慈善医疗是政府不可推卸的责任。比如，美国政府鼓励各种医院对弱势人群提供免费或低价服务，如果一家医院对相当一部分弱势人群提供了免费或低价服务，那么这家医院就是 DSH（Disproportionate Share Hospital, DSH - Payment）医院。在 DSH 医院中，低收入人口对医院的利用率必须超过 25%。① 这时，政府会对这类医院予以免税及其他政策优惠与资助。

---

① 这个指标的具体计算是下面两个指标之和：一是政府医疗救助收入（不包括对 DSH 病人的政府补助）占医院总收入的比重；二是医院慈善性住院应收费额占医院住院应收费额的比重。

中国财政对于基本医疗提供补助也是既定方针，但缺少医药分离制度的配套而无法排除开大处方"以药养医"的扭曲行为，又不能实行周密有效的居民身份及医院指标考核监督，因而无法形成有效可行的财税调节、激励政策，实际上拨出的补助款并未达到政府政策目标。因此，需要以相关配套改革措施形成政府监管条件，进而调整与优化支持公共医疗事业发展的相关财税政策。

5. 公共文化服务供给

国际经验表明，当人均 GDP 达到 1000 美元时，居民主动性文化消费开始启动；超过 3000 美元时，相关文化消费会快速增长。当前，中国人均 GDP 已超过 6000 美元，人民群众对文化公共服务的需求正在大幅上升。同时，公共文化服务中部分原属私人的个别需要，如电影、戏曲、图书等，成为社会生活的"必需品"，上升为社会公共需要。

公共文化服务体系建设的历史，一直体现着强大的国家力量。新中国成立以来，党和政府非常重视公共文化服务，把"笔杆子"放到了和"枪杆子"同等重要的位置，既有过"百花齐放、百家争鸣"的积极探索，也有过"文革"的严重挫折，经验和教训都值得仔细思索。

亚当·斯密认为，不能脱离当地的文化需求，来分析贫困和判断哪些物品可以视为"必需品"，并提出"所谓必需品，不仅包括维持生活必不可少的物品，而且还应当包括根据该国的风俗，一般人的体面——甚至最底层人的体面——不可或缺的所有商品"。法国人最早提出"文化例外"原则，政府在文化公共服务领域具有不可或缺的投入与调控职能。从根本上讲，文化产品不同于一般商品，文化安全涉及国家安全，文化保护是必须且不能在谈判桌上协商的原则。

目前，中国公共文化服务供给与人民群众的现实需要还存在着一定的差距。图书馆的数量是反映公共文化服务水平的重要指标。在中国，大概是每46万人建一座图书馆。在美国，平均每1万人就要建一座图书馆。我们有1座图书馆，美国则有46座图书馆。图书馆有什么用啊？不就是借阅图书的地方吗？大家有机会去美国考察，你一定要去看一看他们的图书馆，不仅仅是借阅图书的地方，还是老百姓聚会的场所，图书馆设施可以出租给社区和老百姓，开办一些义务讲座、公益讲堂及文娱活动。

中国图书馆的功能比较单一，就是借阅图书。当我们朋友聚会时，有没有人提出去图书馆聚一聚啊？好像很少！大家普遍的去处是饭店、酒楼，吃喝完之后，不想回家，去干什么？泡脚、洗澡。在中国，洗浴中心是每万人一定有1座，一个县城可能有几十家，但是我们缺少图书馆。我想用这个指标及其事实来传达一个观点，文化领域今天依然是社会薄弱环节，亟待政府增加投入与推进发展。

与城市相比，农村公共文化服务水平更低一些，需要提高财政对农村文化投入的力度，并在预算安排上摆在超前发展和重点投入的位置上。就农村而言，可以借鉴义务教育阶段中小学经费保障机制改革的成功经验，以机制设计为先导，确定相应政策目标、资金规模、人均最低经费投入标准，分阶段分步骤地加大投入规模，确保农村公共文化服务体系科学有序、稳定发展。

公共文化服务的实现形式与手段是多样的，不应局限于政府单一的供给模式，应积极借鉴"一臂之距"原则，充分发挥市场机制作用。"一臂之距"原则，是指财政与接受财政资金的部门之间设立非政府的公共机构，负责向政府提供政策咨询、资金分配建议和政策效果评估。成立于1945年的英国大不列颠艺术委员会是全球第一个运用这一原则的中介组织，现已得到发达国家的广泛接受。借鉴这一原则，结合中国城乡文化建设实际，出台财政支持政策，推动社会资本投资农村文化基础设施建设，可以有效提高公共文化服务的供给能力。

6. 社会保障制度

"社会保障"一词，最初出现在美国《1935 年社会保障法》中。广义上讲，社会保障是由国家通过立法和行政措施设立的，保证社会成员尤其是那些丧失劳动能力及需要特殊帮助者基本经济生活安全项目的总称。基于此，社会保障的原则是依法为社会成员提供一定水平的基本生活保障。当然，社会保障水平有高有低，社会保障水平要与社会生产力发展水平相适应。

从实践角度看，德国政府最早开始为产业工人提供必要的社会保障，并在 1883 年、1884 年相继出台了《疾病社会保险法案》《工伤事故保险法》。此后，英国、法国、奥地利、丹麦、芬兰、意大利、荷兰、瑞士、瑞典、比利时等国也逐步建立了以社会保险为核心的社会保障制度。第二次世界大战之后，西方国家普遍实现了城乡一体的社会保障制度。

从运营模式来说，社会保障可划分为欧洲模式、美国模式、拉美模式与新加坡模式。在融资方式上，可以划分为现收现付制和积累制。欧洲模式和美国模式为前者，拉美模式和新加坡模式为后者。欧洲模式的优点在于其福利水平较高，共济性较强，再分配力度较大；弊端是国家的包袱沉重，财政压力太大。美国模式在资金征缴和给付上均为大一统和大收大支，便携性非常好，劳动力流动不受任何影响，与欧洲模式相比，更加公平一些，富翁与贫民之间的差别不大。拉美模式和新加坡模式的缴费比例比欧洲低得多，个人和企业压力都不大，缺点是覆盖率低，替代率低，几乎没有社会共济性。现实中，上述四类运营模式都在风起云涌的改革过程之中，主要任务则是如何提高福利水平和反贫困。[1]

改革开放以来，中国逐步改革传统的社会保障制度，以养老保险、失业保险、医疗保险为主要内容的社会保障体系正在构建之中。目前，各项保险基金的征集和使用趋向社会统筹，表明社会保障制度已从"单位"或"小社会"保障制向"大社会"保障制过渡。在所有社会保险项目中，并不是所有的项目都要达到全国统筹的水平。各项目的涉及面不同，受益范围不同，统筹层次也就有所区别。从实际情况看，需要全国统筹的项目主要是养老保险，因为它起着"安全网"的作用，事关整个社会老年人的基本生活。失业保险、医疗保险、生育保险应达到省级统筹，工伤保险达到市县级统筹即可。

推进社会保障制度改革，需要建立社会保险基金预算体系。社会保险基金预算体现了政府作为社会管理者的身份和实现收入公平分配的职能，发挥了弥补市场失灵的作用。经过人民代表大会批准通过的社会保险基金预算，需要向社会公开，使所有社会成员都能明了社会保险基金的运营及管理情况，有利于加强社会保险基金的监督和管理。

7. 居民消费与扩大内需

看一个国家的未来，有一项非常重要的指标，就是居民消费。建国六十多年尤其是改革开放三十多年的物质资本积累，使

---

① 欧洲模式的改革措施主要目标是降低成本，增强财务上的可持续性。美国模式的改革主要是试图将纯粹的现收现付制改造成部分积累制（引入个人账户）。拉美模式和新加坡模式采取的措施主要是强调社会公平问题。采取中央公积金的新加坡模式国家试图扩大投资渠道，或是增加个人账户的投资因素，或是增设附加功能等。由于积累制基本解决了财务可持续性困境，社会再分配问题便提到了议事日程。不少国家纷纷在完全积累制之外再额外加上一个基本养老金，并惠及全体退休阶层。

基础设施、国民经济产业体系得到极大改善，在此基础上消费结构逐步走向高级化。农村老百姓的主要消费对象是冰箱、电视等耐用电器消费品，富裕起来的农民开始在城里买房买车。城市居民的消费对象主要是住房和汽车。依据人的消费需求顺序，中国进入了以房地产、汽车为主要标志的消费时代。

新时代的到来意味着国内消费在经济中的地位迅速抬升，并向物质资本积累提出新的更高要求。人类消费规律①显示，从以吃穿用为主转变为以住行为主的消费升级所能产生的经济"势能"是持久而强大的，且这种"势能"的释放必须以内需为主要支撑才能实现，外需替代内需的空间与可能性大为缩小。美国于1920年之后开始进入"房地产＋汽车"消费时代，拉动经济社会发展的持续时间至少60年以上。我们才刚刚进入这个新时代，未来至少有50年的增长空间。②

人口是消费的基础。中国最宝贵的财富不是石油，不是财政资金，而是13多亿人口。现在中国的城市人口已经达到6.66亿，农村人口的比重由1978年的72.1%下降到2010年的50.32%，虽然还有很多穷人，但已有大约15%的居民富裕起来，相当于美国总人口的66%，法国、英国、德国总人口之和，日本人口的1.5倍。这部分富裕群体的购买力，和美国、英国、日本

---

① 从经济发展规律角度看，消费是经济社会发展的根本动力。然而，在马克思以前，资本主义国家普遍走上了"为投资而投资"的发展之路，历经严重挫折与重大危机之后，才把关注重点转向消费领域。社会主义由于首先在经济不发达的国家取得成功，一开始也明显偏重投资，忽略消费的地位和作用。在中国，十一届三中全会召开之后，人民消费开始得到改善。实践表明，投资需求是消费需求的派生需求，本身不能成为经济增长的持久动力，消费才是促进经济增长的根本所在。

② 有不少人对此存有疑虑，当前中国的房地产业还有发展潜力吗？从根本上讲，房地产业确实存在一些问题，但不是市场成长空间的问题，而是管理和政策的问题。如果管理和政策对路，这个市场的增长远远没有到顶。汽车产业与此类同。

等发达国家居民的购买力没有什么差别。

更重要的是，中国的80后、90后新生代消费群体已经崛起，仅15～29岁人口高达2.8亿，几乎相当于一个美国。这些在改革开放之后出生、成长起来的年轻人，一般有四位老人为靠山，具备较强的消费能力、超前的消费意识，与"文化大革命"时代的"储蓄、节俭"的保守消费理念相比已发生实质性变化，"敢花钱、敢负债、会享受"等倾向显著，蕴藏着巨大的现实购买力。因此，中国未来的内需增长空间非常巨大。

改革初期，由于资金技术匮乏、居民购买力与支付能力低，迫使我们的经济走上引进外资与出口导向的发展道路。时至今日，国内外经济环境都已发生了深刻变化。国内原材料与劳动力成本提高、资源环境代价增加、人民币升值等问题凸显，意味着"人口红利""资源红利"等比较优势时代正离我们远去，出口导向经济的运作成本日趋加大。更严峻的是，国际贸易保护主义快速抬头，使中国出口"雪上加霜"，更加被动，我们到了必须改变自己的时候了。

综观中国消费现状，存在五方面突出问题：一是没有钱消费，主要是尚未解决温饱问题的贫困人口；二是有后顾之忧而不敢消费，主要是缺乏社会保障、教育医疗住房等负担沉重的部分城乡人口；三是有消费需求但没有足够收入，主要是中低收入群体，如有购房需求但买不起房的青年人；四是想消费但没有消费品供给，主要是老年群体或部分富裕家庭；五是有消费能力但消费倾向很低，主要是已达到小康的富裕阶层或享有良好福利保障的部分公职人员。

为促进经济增长转向消费、投资、出口协调拉动，当务之急是依据国情并借鉴国外有益经验，采取有效措施破除消费瓶颈约束，完善宏观消费政策体系，鼓励、引导、扩大与创新消费需求。一是调节国民收入分配格局，优化财政支出结构，改善民生，提高劳动报酬比重，有效增强居民的实际支付能力，减轻对海外需求的依赖度；二是从文化、精神价值等层面完善与扩大消费品的开发与供给，创造消费需求；三是建立健全鼓励消费的政策，力争使居民消费增长率略快于国内生产总值增长率 1～2 个百分点，使最终消费率、居民消费率回升到与国民经济发展目标相适应的水平；四是通过法律、制度、政策等多个途径优化消费环境，激发潜在消费能力，扩大现实消费能力。

需要特别指出的是，消费过度与消费不足同样不利于生产力发展和人民生活水平提高。20 世纪 80 年代后，美国形成了依靠海外投资赚取高额利润和利用国外廉价资源、原材料、商品支撑本国过度消费的经济模式，成为当今世界第一经济大国，世界第一财富共同体，但并没有将全民带进共富的"天堂"，反而陷入2008 年"次贷危机"引发的灾难漩涡。这一惨痛事实说明，大国消费必须建立在自身的产业基础之上并与之相适应，顺应规律来引导、强化、提升、创新消费需求是可行的，人为拉动，甚至霸王硬上弓式强拉消费需求，将因不可持续而必定归于失败。

第三章 均等化与共富机制设计

邓小平同志在改革开放之初提出两个大局观，第一个是让一部分人先富起来，第二个是先富帮后富实现共同富裕。客观地讲，第一个大局实现得很好，第二个大局尚未全面实现。党的十八大报告提出："要努力建设美丽中国，实现中华民族的永续发展。"这句话可以说是十八大报告中最美的一句话。然而，什么样的中国才是美丽中国？生态环境好的中国，当然是美丽中国，却是对美丽中国的简单化解读！只有均等化的中国，才是最美丽的中国。建设美丽中国的出路是，在消除二元分割的基础上实现基本公共服务的均等化，在横向上实现区域间均等化，纵向上实现政府间均等化。

一、二元分割与基本公共服务均等化

数千年来，天下大同始终是中华民族不懈奋斗的社会理想。

从孔子①的"四海之内皆兄弟"，到钟相②的"等贵贱，均贫富"，到康有为③的"人人相亲，人人平等，天下为公"，再到费孝通④的"各美其美，美人之美，美美与共，天下大同"，代表着人们对未来社会的美好憧憬。理想毕竟不是现实，为了实现这一社会理想，必须从实际出发，正视与稳妥解决二元分割导致的一系列问题。

1. 二元分割的非均衡社会

2012 年 9 月 10 日，90 后公民、河南小伙程帅帅把毛泽东主席的书法打印出来，装裱成"北京人大学"一块牌匾，送给了北京大学，遭到北大保安扣留，后被带往海淀派出所并遣送回河南老家新蔡县⑤。这个小伙子发现了我们这个时代的不公平，享受公共教育资源权力上的不平等。

长期以来，北大清华"偏爱"北京人，这是不争的事实。同样是考北京大学，安徽的比率是 7826∶1；北京是 190∶1。北京人上北京大学的概率是广东考生的 37.5 倍，是贵州考生的 35.4 倍。上海也存在类似的现象，同样是考复旦大学，上海考生的概

---

① 孔子（公元前 551~公元前 479），中国思想家、教育家和政治家，集华夏上古文化之大成，在世时已被誉为"天纵之圣""天之木铎"，位居"世界十大文化名人"之首。

② 钟相（？~1130），南宋初年洞庭湖地区农民起义领导者。钟相在家乡建立乡社组织，凡加入乡社的农民要交一点钱粮，社内实行互助共济。

③ 康有为（1858~1927），光绪廿一年（1895 年）进士，曾与弟子梁启超合作戊戌变法，后事败，出逃。辛亥革命后，康有为于 1913 年回国，定居上海辛家花园。

④ 费孝通（1910~2005），著名社会学家、人类学家、民族学家、社会活动家，中国社会学和人类学的奠基人，第七、第八届全国人民代表大会副委员长，中国人民政治协商会议第六届全国委员会副主席。

⑤ 李亚沛、范艳涛，《河南网友送"北京人大学"匾给北大被警方扣留》，2012 年 9 月 12 日人民网财经报道，http：//finance. people. com. cn/n/2012/0912/c1004－18982471. html。

率是全国平均的 53 倍，是山东考生的 374 倍。①

经过改革开放三十多年的努力，毛泽东时代的不公平被逐渐消除掉了，但是新时代新的不公平出现了。除教育资源以外，还有文化、医疗等资源享受权力上的不平等。比如，卫生资源的布局与结构不合理局面迫切需要改造与优化。

在"条块分割"的分权化管理体制下，医疗卫生机构按部门、区域、行业的行政隶属关系来设置和管理，除分别隶属于卫生行政管理机关各个部门外，还分属于党政军系统的其他部门及企、事业单位。同一地区既有地方医疗机构，又有军队、武警的医疗机构；既有中央医疗机构，也有地方各级政府医疗机构；既有不同政府部门隶属的医疗机构，还有不同行业和企业举办的医疗机构。这种分割体制导致全行业管理和监督的困难，卫生资源盲目、重复、低效配置，不少地方卫生服务供给与需求失衡。

由于上述体制上的原因，卫生资源配置和布局在地区之间、城乡之间和所有制之间都很不平衡。卫生资源约 80% 集中在城市，其中 2/3 又集中在大医院，大城市高精尖医疗设备的占有率已经达到甚至超过发达国家的水平。在有些地区，大型医疗设备超过了实际需求，也引发了过多检查、重复检查等现象的大量发生，加重了患者和医保基金的负担。与此同时，县以下公共卫生机构特别是农村卫生医疗机构设备简陋老化，缺乏基本和必要的医疗条件。

在居民日常出行领域，当前中国社会也呈现出明显的二元化特征。2014 年 12 月 29 日 18 时，深圳市"闪电式出台"汽车限

---

① 摘自 2012 年 12 月 29 日人民网微博。另据 2012 年 7 月 13 日《新京报》报道，清华共录取北京考生 295 人，在京扩招比例达 45.3%；北大录取 294 人，扩招 33.6%。然而每年，清华北大在其他省市录取的考生，少则几人，多则几十上百人。

购政策，有效期暂定 5 年。每年暂定指标 10 万个，按月分配。其中，2 万个指标只针对电动小汽车，采取摇号；8 万个普通小汽车指标，50% 采用摇号，50% 采取竞价。年度指标视交通、大气环境和汽车需求适时调整。深圳成为继北京、上海、广州、贵阳、石家庄、天津和杭州之后，全国第 8 个汽车限购的城市。

2015 年 1 月 8 日，太原市政府在市十三届人大常委会第二十六次会议上提出，到 2015 年年底，全市机动车保有量要控制在 110 万辆以内。消息一出，限购传言四起，太原市民陷入汽车限购恐慌，引发购车"热潮"。下一个限购汽车的城市是谁？还有多少城市将会陆续实施汽车限购政策？限购政策是否是解决问题的最好办法？这些问题非常值得全社会深思。

2014 年 11 月 26 日，在人民日报社举行的京津冀协同发展论坛上，北京市委常委、常务副市长李士祥表示，最近社会对单双号汽车上路有各种积极的意见，就是建议单双号要成为常态，包括星期六日，我们将听取和论证这个意见，以此来保持"APEC 蓝"①。APEC 会议期间，北京实行了机动车单双号限行，北京的群众是支持的，因为时间不长，北京又放假。但 APEC 会议之后，北京市要研究实行机动车单双号限行常态化问题，这一石激起了千层浪。

2014 年 12 月 26 日，全国人大常委会分组审议《大气污染防治法（修订草案)》，吴晓灵、李安东等委员明确表示反对机动

---

① "APEC 蓝"，2014 年的网络词汇，意思是 APEC 会议期间北京蓝蓝的天空。为保证会议期间的空气质量达到良好水平，从 2014 年 11 月 3 日开始，北京全市所有施工工地停止土石方、拆除、石材切割、渣土运输、喷涂粉刷等扬尘作业工序，五环内和怀柔区还将停止所有混凝土振捣及搅拌、结构浇筑等作业；全市机动车实行单双号行驶、机关和市属企事业单位停驶 70% 公车；对渣土运输、货运车辆以及外埠进京车辆实施管控；全市大气污染物排放重点企业中，69 家停产、72 家限产。同时，还要求天津、河北、山西、内蒙古、山东等省区的企业停限产及实施必要的汽车限行措施。

车单双号限行常态化，辜胜阻委员建议慎重考虑机动车单双号限行常态化，这一做法剥夺了公民合法的财产所有权和使用权，不仅没有法律依据，而且不利于从源头上真正解决问题。

解决问题的真正出路在哪里？北京是首都，交通极度拥堵；太原是省会，交通也很拥堵；很多区域性中心城市包括县城都出现了交通拥堵问题。导致交通拥堵的原因是什么？其实，交通拥堵就是二元分割的非均衡社会的必然结果，与教育、医疗、文化等公共资源的不均衡，同属二元社会的典型特征。解决上述一系列问题的根本出路在于消除二元社会，实现基本公共服务的均等化。

改革开放以来，中国构建了各类资源向上集中的体制机制，各县乡的优秀人才通过接受高等教育留在大都市、中心城市工作，各项财政资金通过层层集中从县乡流向市省和中央，各大企业纷纷在北京、上海等大城市设立总部机构，各种教育、医疗、文化资源也纷纷向上聚集，越是基层单位、越是偏僻乡村，越是缺少维系生存与发展的各种必要条件，反过来促使有能力、有条件的个人与家庭想尽千方百计到城市中去，到大城市中去。均等化是社会可持续发展的客观规律，不尊重规律，势必受到规律的惩罚。

2. 基本公共服务的均等化

国家"十二五"规划早已明确提出，要通过努力实现基本公共服务的均等化。目标已经明确，问题的关键是如何实现基本公共服务的均等化。可以说，基本公共服务的均等化，是中国社会经济发展的大方向，也是一项长期性的历史任务。

公共服务不是一个经济学词汇，它来自于行政学科，通常是指以政府为主提供的，满足社会公共需求、供全体公民共同消费与平等享用的公共产品或服务。依据服务特征，可以分为纯公共服务和准公共服务（或混合公共服务）；依据服务功能，可以分为维护性公共服务、经济性公共服务、社会性公共服务；依据服务受益范围，可以分为全国性的公共服务和地区性的公共服务；依据服务水平，可以分为基本公共服务（或核心基本公共服务）和一般公共服务。

从理论上讲，公共服务具有以下三个基本特征：一是普惠性，每个公民都享有公共服务的权利。实行普遍的公共服务，是公共服务体系建设的一项基本原则。二是公平性，在社会正义、平等的价值基础上，让所有服务对象都公平便捷地享有公共服务。三是动态性，随着经济社会发展水平的变化，呈现出不断扩展和提高的趋势。

基本公共服务是公共服务中最核心的内容。它是建立在一定社会共识基础上，根据一国经济社会发展阶段和总体水平，为维持本国经济社会的稳定、基本的社会正义和凝聚力，保护个人最基本的生存权和发展权，实现人的全面发展所需要的基本社会条件。基本公共服务包括三个基本点，一是保障人类的基本生存权（或生存的基本需要），需要政府及社会为个人都提供基本就业保障、基本养老保障、基本生活保障等；二是满足基本尊严和基本能力的需求，需要政府及社会为个人都提供基本的教育和文化服务；三是满足基本健康的需要，需要政府及社会为每个人提供基本的健康保障。随着经济发展和人民生活水平的提高，基本公共服务的范围会逐步扩展，水平也会逐步提高。

从上述标准判断，义务教育、公共卫生和基本医疗、基本社会保障、公共就业服务，是广大城乡居民最关心、最迫切的公共服务，是建立社会安全网、保障全体社会成员基本生存权和发展权必须提供的公共服务，构成了现阶段中国基本公共服务的主要内容。

从"十一五"时期开始，我国不断优化财政支出结构，逐渐加大对社会保障和就业、教育、医疗卫生、保障性住房等民生领域的投入。全国财政用于社会保障和就业、教育、医疗卫生等领域的投入分别从 2006 年的 4394.11 亿元、5464.27 亿元、1421.22 亿元增长至 2010 年的 9310.62 亿元、12550.02 亿元、4804.18 亿元，分别增长 2.1 倍、2.3 倍、3.4 倍。另外，为实现全社会"居有其所"的目标，国家稳步推进保障性安居工程，逐步加大政策倾斜和资金投入力度，住房保障支出从 2009 年的 708.52 亿元增长至 2010 年的 2376.88 亿元，增长 3.3 倍。

就制度安排而言，目前中国的政府转型滞后，其社会管理职能明显弱于经济管理职能，财政仍然是经济建设型财政，没有完全实现向公共财政的转型，政府的"缺位"与"越位"状况并存，财政在基本公共服务领域的投入仍显不足。实现基本公共服务均等化的根本性前提条件有：一是压缩行政开支，减少"三公经费"；二是减少政府投资，推动经济建设型政府转型。在上述基础上，才有可能加强和改善民生，逐步增加公共服务支出，通过数代人甚至数十代人的持续努力，才有可能真正实现基本公共服务在全国范围内的均等化。

3. 政府与市场的双轮驱动

正确处理政府与市场之间的关系，有效发挥两者的积极作用，是推动基本公共服务均等化的基本原则。西方国家的公共服务体系建设的历史经验，可以为中国提供诸多有益借鉴。

在 19 世纪上半叶以前，受亚当·斯密为代表的古典自由主义经济理论所主导，资本主义国家的政府仅是社会的"守夜人"，实行不干涉政策，基本不提供现代意义上的公共服务。到了 19 世纪后半期，迫于工人阶级斗争压力，同时出于资产阶级对维持劳动力再生产的需要，一些西方国家逐步建立了劳动保险、救济等制度，并由国家兴办一部分公共福利事业以改善国民生活。

1929 年资本主义世界经济大危机后，西方国家开始反思并调整以往的政策，在经济恢复和发展的基础上，大力推动公共服务体系建设，覆盖面逐步向全体社会成员扩展。美国罗斯福政府实施"新政"，并于 1935 年颁布《社会保障法》，标志着美国基本建立公共服务制度。1942 年英国经济学家贝弗里奇提出较为完备的社会福利制度的设想，推动英国建立了"从摇篮到坟墓"的全面福利制度。到 20 世纪 60 年代，西方国家基本建立起较为健全的公共服务体系。

从 20 世纪 70 年代开始，西方国家陷入了严重的经济"滞胀"危机，失业率居高不下。而且由于西方社会福利的过度提供，产生了许多负面影响，政府财政压力不断增大，于是开始推进公共服务制度的改革，走向市场化和社会化。在澳大利亚，养老保险制度从最初政府提供基本养老金模式，扩大到基本养老金与超年金、个人储蓄三支柱相结合的制度，提升个人责任，大大减轻了政府财政负担。在德国，公共服务逐步转型为公助与自助相结合的模式，失业保险和医疗保障所需资金均由职工个人和所在企业分担，政府只担负"补亏"的任务。

随后，向社会力量购买公共服务，逐渐成为服务型政府国际通行的基本职能之一。购买公共服务是指根据预先订立的合同（协议）或赋予的特许权，由政府财政提供资金并由政府向服务供应者购买其提供（生产）的商品、服务或公共设施，以满足使用者服务需求的一种制度安排和实施机制。

英国政府公共部门引入竞争机制的主要方式是强制实行非垄断化，并极力推动公共部门与私营部门之间，以及公共部门之间的竞争。非垄断化主要针对私有化后的公共部门，为了防止或公或私的垄断，英国政府对私有化后的公共部门的股份持有比例做出了明确规定。例如，政府规定电力公司私有化后 5 年内单个持股者不得拥有 15% 以上的股份。

美国政府通过立法的方式保护和促进私营部门进入公共服务领域，以优胜劣汰的竞争机制调动全社会的力量参与到公共服务的供给中来，最终实现提高公共服务质量、降低公共服务成本、减轻财政负担的目标。公共服务购买采用了许多方式，其中最主要的是合同出租和公私合作。

澳大利亚政府将原隶属于就业、教育、培训和青年事务部的全国 400 余家公共就业服务机构全部民营化，组建成了全国就业服务有限公司，并把原先属于公务员性质的 9000 余名工作人员也全部转入劳动力市场，根据公司需要和个人意愿，实行双向选择。

从实践上看，各国基本公共服务的覆盖面不是一蹴而就的，而是与各自的经济发展水平相适应，与政府发展目标相统一。发达国家的公共服务体系立足于国情，具有各自的特点，如美国是自由市场经济体制下的公共服务体系，而德国是社会市场经济体制主导下的公共服务体系。中国不能照抄照搬别国的经验，应在立足自身国情的基础上，建立科学完善的体制机制，有效发挥政府与市场两种力量，推动实现基本公共服务的均等化。

二、三种现象与区域间均等化

改革开放三十多年来，在全国出现了三种具有代表性的经济现象。一是"西部现象"；二是"广东现象"；三是"江苏现象"。深入研究这三种现象，对推动实现区域间均等化具有很强的理论价值和现实意义。

1. 西部现象

在广大中西部地区，普遍存在着鲜明的"西部现象"特征。对"西部现象"的理解，我提炼出来五个要点。

第一，资源魔咒。西部很多地区都是资源富集区，但是西部丰富的自然资源没有让本地的老百姓快速致富。东部很多地区并不是资源富集区，而是资源贫乏区，却在改革开放的过程中，利用落后地区的资源迅速富裕起来。这是一个带有悖论性质的现象。

第二，多重瓶颈。西部地区经济社会的发展，面临着交通、教育、观念等多重瓶颈。2013 年我在赣州市挂职工作时发现，长期以来赣州处于"8 小时经济圈"① 时代。2003 年前后，高速公路建成通车，赣州进入"4 小时经济圈"。2013 年昌吉赣高铁项目立项、建设，赣州有望进入"两小时经济圈"。可以预见，如果赣州拥有现代交通体系支撑，经济社会发展肯定可以上一个更高的平台。交通是看得见的瓶颈之一，当然还有看不见的诸多瓶颈，如教育及干部群众的思想观念，带来的制约作用更加强大。

第三，集中贫困。西部地区成为贫困人口最集中、发展程度最深、问题最突出的领域。

第四，低密度经济。世界银行研究报告提出，经济密度②增加 1 倍，生产率提高 6%；与中心城市的距离增加 1 倍，利润降低 6%。全世界一半的 GDP 是由占世界土地面积 1.5% 的地方创造出来的；中国东部只有国土面积的 1/5，却创造了全国一半以上的 GDP。

---

① 所谓"8 小时经济圈"，是指赣州市距离南昌、广州、深圳、厦门等中心城市的通行时间。长期以来，沿国道乘车需要 8 小时，开车走高速公路或乘火车上需要 4 小时，乘高铁只需两小时。

② 经济密度是指区域国民生产总值与区域面积之比，一般以每平方千米土地的产值来表示，反映了单位面积上经济活动的效率和土地利用的密集程度。

第五，人口与投资反向流动格局。中西部地区的农民工持续流出，流向东部沿海地区，而各项资金在政府招商引资工作的吸引下从外部流向中西部。人口的流出是自发的，而资金的流入带有明显的政府主导行为，如果政府不重视这项工作，一些资金就不可能流入。这种反向流动的格局说明本地经济的就业吸引力不是足够的大，这是落后的体现。什么时候人和钱都往这个地方流，那就进入发达经济体行列了。

这五个要点是我对"西部现象"的解读，中西部地区未来的经济发展，也离不开对这 5 个方面特征的有效破除。目前，中西部广大区域都具备"西部现象"欠发达的特征。

2. 广东现象

在"西部现象"之外，我国还有"广东现象"。"广东现象"是经济发达省区的典型代表。珠江三角洲的很多城市，人均 GDP、财政收入等经济指标非常高。但是，在繁荣之外，也存在一些不和谐的现象。

2012 年 10 月，广东省中山市邀请我到中山讲学和调研。他们特意告诉我，不要乘坐北京到珠海的航班，要求我买北京到广州的机票，去广州白云机场接我。实际上，珠海离中山更近一点，但是从中山去珠海机场，还不如到广州机场方便快捷，所以宁肯多走些路，时间上更节约。这件事告诉我们，即便是在非常繁荣的珠三角，城市与城市之间的融合发展做得还不够好。

从广东全省范围看，同样存在一些不和谐的现象。由于工作关系，我去过韶关、河源、梅州、湛江等地，发现这些地方的一些区县的经济发展水平可能还不如我山东老家，大大出乎我的预料。如此现代化的广东，整体实力在全国排名第一，仍有如此多的贫困县区。资本积聚在珠三角城市群，不愿意进入山区，哪怕是广东省内的山区，这是非常值得认真思考和着力解决的大问题。

2012年春天，我去广东省南雄市调研，当地领导告诉我，从广州到南雄的高速公路刚刚修成通车。如果我不到南雄，还真的不知道最发达的广东省高速公路建设竟然落后于山东。有没有高速公路，结果是不一样的，不仅对企业有很大的影响，而且对老百姓的生活观念、思维方式都会带来改变。这可以部分解释为什么最富裕的广东省还存在着非常贫穷落后的县城。

近些年来，在广东省委省政府政策的引导下，越来越多企业家开始走向山区。我在江西赣州调研时也发现，在广东创业的赣州籍企业家，也开始陆陆续续回到赣州山区投资创业。已经有一些企业家开始思考产业结构调整及国家经济转型，但是资本进山的速度仍然非常缓慢。一边是非常富裕的珠三角，一边是非常贫困的被边缘化的山区，这是非常不和谐的一种局面。

对"广东现象"的认识，还要从经济领域扩展到社会领域。近些年来，广东"飞车抢夺"等恶性案件常常公诸报端，不管男、女、老、少，都有可能遇到这些不安全事件。这说明了一个问题，经济发展以后，社会没有和经济同步前进，城乡一体化、城城一体化、经济社会和谐化程度亟待提高。广东省在经济快速发展的同时，既取得了辉煌的成就，又留下了一系列现实问题亟待解决。

3. 江苏现象

在中国还有第三种现象，我称之为"江苏现象"。"江苏现象"代表着第三类经济体，即赶超型经济体。"西部现象"代表的是欠发达经济体，"广东现象"代表的是走在最前面的发达经济体。

2009年之前，江苏的经济总量是落后于山东的。2009年之后，江苏超过山东。同时，广东已经感受到被江苏赶超的威胁。

在近几年的广东省"两会"上，不少代表、委员都在谈论，如果广东再不找到新路子，将被江苏省超越。广东省有深圳，江苏省有苏州，而苏州赶超深圳也只是时间问题。

我常去江苏出差调研，对于江苏为什么能够赶超山东，进而缩小与广东的差距，有非常深的理解与认识，不是因为江苏有特殊的优惠政策。实际上，江苏并没有特殊的优惠政策。广东有改革开放先行一步的优惠政策，深圳是国家改革开放的窗口，江苏及苏州没有广东及深圳的政策优势。资源方面，江苏与广东、山东相比，也没有明显的优势。江苏最大的优势是理念和思想得到了很好的解放。

解放思想是"江苏现象"的灵魂。如果不解放思想，没有创新理念，再好的政策也起不到作用。中央优惠政策所能发挥的作用是一时的，真正改变落后的面貌，还是要靠自身活力的更新与焕发。

4. 区域均衡发展的理论反思

为实现区域均衡发展，国家制定并实施了第一轮"西部大开发"政策。十年后，东西部的差距不仅没有缩小，反而在不断拉大，东西部 GDP 的差距从最初的 3 万亿元扩大到 13 万亿元；东西部居民储蓄余额的绝对差距从 1.6 万亿元扩大到 2.8 万亿元。在要不要实施第二轮西部大开发的问题上，有观点认为应该取消西部大开发政策，因为地域性优惠政策不利于市场经济的公平竞争。

从理论上讲，地域性优惠确实不能太多。但是，如果没有地域性优惠，先富怎么帮后富呢？共同富裕的机制在哪里呢？邓小平的第二个大局观怎么来落实？所以，在要不要实施第二轮西部大开发政策，国务院英明政策继续推行新一轮西部大开发政策。从实际情况看，西部大开发政策不应只实行 10 年，至少应该实行 50 年以上，这实质是先富帮后富的一个机制。

从根本上看，一个地区的长远发展，不能依赖于外在的优惠政策，最终取决于自身的发展理念与努力程度。经济发展首先要解放思想、创新理念。三种现象——"江苏现象""西部现象""广东现象"，分别对应着三个理论层面的问题。认识清楚这三个理论问题，对实现区域均衡发展具有很好的指导意义。

第一个理论思考是回归效应与扩散效应。这是 20 世纪中期著名经济学家缪达尔[①]提出的区域经济差异倒 U 型理论。所谓回波效应，是一种负效应，它反映了优先发展地区在经济发展初期对周边地区资本、劳动力和商品的吸纳作用，抑制周边地区的发展，使区域之间的差距扩大。所谓扩散效应，是一种正效应，当经济发展到一定阶段后，优先发展地区会通过投资、贸易和技术与产业转移等方式，向欠发达地区扩散经济发展的利益，从而带动周边地区发展。

在中国，长三角、珠三角、闽三角属于发达经济体，周边相对贫困地区希望享受发达经济体对欠发达经济体的拉动或带动作用。但是，发达经济体能不能带动欠发达地区，不取决于欠发达地区的"一厢情愿"式的想象，而取决于欠发达地区所处的发展阶段。

以赣州为例可以说明其中的道理。赣州和广东距离很近，是广东对赣州经济帮助大，还是赣州对广东经济帮助大？我的结论是，赣州支持了广东的经济发展。尤其是 1996 年以前，赣州的劳动力不留在本地，都流向广东；赣州的企业家，没有选择在赣

---

① 纲纳·缪达尔（Kavl Gunnar Myrdai，1898～1987），瑞典学派和新制度学派及发展经济学的主要代表人物之一，由于在货币和经济波动理论方面的开创性贡献，以及对经济社会和制度现象的内在依赖性进行的精辟分析，1974 年和哈耶克一起荣获诺贝尔经济学奖。

州本地创业，而是走向珠三角。这是缪达尔提出来的回波效应。广东把周围的资源、资金、劳动力像"磁铁"一样吸了过去，不仅不能支持赣州的发展，反而是在阻碍赣州的发展。

但是，在广东经济发达或成熟到一定程度以后，回波效应逐渐缩小，才会带来扩散效应。我在赣州市崇义县调研的时候，见到一位企业家，他是崇义人，20世纪80年代去了广东，挣了很多钱。最近十多年，他把资金陆续运回崇义的山区，转型发展生态农业。现如今，越来越多的企业家开始把自己的产业转移到山区里面去了，从对外贸易转向生态农业，从资源开发开采转向一些可持续的新兴产业。也只有在这个时候，发达经济体对落后地区的带动效应才显示出来。所以，我们不能一厢情愿地希望发达经济体能够带动欠发达地区的经济发展。不是欠发达地区不能对接长三角、珠三角、闽三角等发达地区，但是要选准时间。展望未来20年或30年，广东福建上海等发达经济圈，对周边地区的扩散效应会逐步显现出来。

第二个理论思考是线性发展与突变飞跃。线性发展理论是美国经济学家罗斯托①提出来的，他认为一个地区的发展是一步一个台阶，逐步从不发达走向发达。而美国学者杰里米·里夫金②出版了一本书，名字叫《第三次工业革命》，他告诉我们不是一

---

① 1960年，美国经济学家华尔特·惠特曼·罗斯托（Walt Whitman Rostow）在《经济成长的阶段》中提出"经济成长阶段论"，将一个国家的经济发展过程分为5个阶段，1971年他在《政治和成长阶段》中增加了第6阶段。经济发展的6个阶段依次是传统社会阶段、准备起飞阶段、起飞阶段、走向成熟阶段、大众消费阶段和超越大众消费阶段。

② 杰里米·里夫金，美国经济趋势基金会主席，曾出版《第三次工业革命》《移情文明》《氢经济》《欧洲梦》《工作的终结》《路径时代》《生物技术的世纪》等19部畅销著作。里夫金是欧盟第三次科技革命长期经济可持续性计划的主要倡导者，该计划旨在解决全球经济危机、能源安全与气候变化三重挑战。

步一个台阶，而是一步大跨越，跨到一个新时代，是突变飞跃的发展。

过去许多欠发达地区一直走在线性发展的道路上，一步一个台阶。我更主张欠发达地区要高度关注突变飞跃。从哪些方面可能实现突变飞跃呢？主要有生产方式、信息交换方式，以及能源使用方式。当前，欧美发达国家 3D 打印技术①日趋成熟。如果你要买一双鞋子，过去通常是到商场购买。如果你有 3D 打印机，就不用去商场了，这个打印机可以扫描人脚的尺寸直接把鞋子打印出来。这样一种新技术，颠覆了传统的生产思路，带来新一轮世界性制造业革命。

因此，在具体工作中，要有线性发展思维，也要有突变飞跃理念，尤其是对新技术、新产品等要有足够的敏感性，它可能催生从一个平台到另一个平台的飞跃。

第三个理论思考是追赶型经济体与领先型经济体。目前，欠发达地区处在追赶型经济体这个阶段，需要做的更多是模仿和学习。追赶型经济体最重要的是模仿和学习别人的长处，而一旦和发达经济体差距缩小到一定程度，就意味着在不远的将来进入领先型经济体。领先型经济体的特征不是模仿和学习，而是创造和创新。欠发达地区要赶超，需要模仿和学习，但是不能走别人的老路，也需创造和创新。

三、五级政府与纵向间均等化

中国《宪法》规定设有五级政府，各级政府具有相应的责

---

① 3D 打印技术起源于 19 世纪末的美国，并在 20 世纪 80 年代得以发展和推广。3D 打印是科技融合体模型中最新的高"维度"的体现之一，中国物联网校企联盟把它称作"上上个世纪的思想，上个世纪的技术，这个世纪的市场"。

任、权力与义务。政府自身的良性运行，需要建立在科学的收入权划分、事权划分、支出责任划分、政府间转移支付制度设计基础之上。

1. 分税制的未竟之义

1994 年实行的分税制财政体制已经运行 20 多年了，既取得了显著成效，也积累下不少亟待解决的问题。

以 2002 年的数据为例，中央、地方收支及其比重可以大致反映政府间责权利的配置状况。综合预算内、外收支考虑，中央收入占总收入的比例为 46%，地方收入占总收入的比例为 54%；中央支出占总支出的比例为 27%，地方支出占总支出的比例为 73%。如果不计预算外收支，仅以预算内收支为考察对象，2002 年中央收入占总收入的比例为 55%，地方收入占总收入的比例为 45%；中央支出占总支出的比例为 30.7%，地方支出占总支出的比例为 69.3%。由此可见，相对于收入能力而言，地方政府承担的支出责任实际上有些偏重。

2013 年的实际情况仍然大致维持着 2002 年的局面。中央财政收入占财政总收入的比重约为 47.37%，中央集中起来的财政收入中央各部门只消费了 21.47%，其余 78.53% 中央重新转移支付给各级地方政府，一是弥补地方政府收支缺口，二是推进区域间经济社会发展的均等化。从这种意义上讲，非均衡的财税体制安排，其实又是实现横向间区域均等化的必然选择。

要求建立绝对均衡的财税体制，无疑是一种过于理想主义的政策主张，现实中是根本行不通的。1908 年，晚清政府财政总收入超过 2 亿两白银，中央政府和皇室内务府加起来仅仅 2400 万两，只占 12%，其余都在地方政府手中。一个政权丧失了对 88% 的财政支配权，也就丧失了进行任何有效政治动员的能力，当然也必然丧失了经济发展、宏观调控的效能。

然而，分税制财政体制运行到今天，确实也存在许多矛盾，迫切需要通过改革财政体制实现纵向政府间均等化。我曾去西部某省一石油城调研，当地老百姓对石油企业没有多少感情，他们给石油工人取了一个绰号叫"油鬼子"。当地市委书记告诉我们，老百姓破坏油厂、盗油犯罪案件每年高达 1 万多起，每天多达 30 起以上。为什么会发生这么多的恶性事件？不是因为老百姓都是大坏蛋，这里面有一个很深的体制问题需要解决。

石油被国家通过管道抽走了，石油产生的税收被中央提取走了，本来这个地方是一个石油城，老百姓可以就业，但企业是中央企业，本地人还不一定有机会。石油开发留给地方的是什么？是污染，是水质和土壤层的破坏，是维稳压力。地方和油厂、百姓和石油工人，没有一个利益的结合点，怎么能够齐心协力建设和谐油城呢？

我曾去中部某省的一个煤炭大市调研，当地领导用翔实的数据证明了分税制体制存在的某些缺陷或不足。煤矿每输送一吨煤，电厂每输出一度电，都在为国家做出一定的贡献，但留给地方的是空气污染、水质破坏、道路损毁、治安成本上升、职业病增加。该市因煤炭开采在水资源、土地、生态环境、人身健康和公共设施等方面的损失十分严重，许多损失甚至是难以估量的。

当地统计数据显示，全市 5 个产煤县（市、区）全部严重缺水，水污染指标最高达到 32.19，市地表水氨氮含量超标。煤炭开采造成的采空区已达 230 平方公里，地表塌陷区累计已达 19284 亩，并以每年 5 平方公里的速度递增，共计受灾人数 96951 人，耕地 232800 亩，房屋 195480 间，厂矿、企业、单位、学校等建筑面积（已变形）60.59 万平方米。煤炭开采、焦化等使全市空气质量不断下降，累计诊断职业病病人 10864 例，其中尘肺病 10817 例。

煤炭开采和运输导致道路、桥梁等公共设施损失每年 2 亿多元，大幅增加地方对公路建设和维护的投入。矿区社会治安引发的社会管理成本巨大，加之移民人口和流动人口占很大比重，社会治安形势较为复杂[①]。全市各级财政对公安机关投入不断加大，一定程度上缓解了公安机关基础装备设施落后的状况，但与基础设施薄弱、装备技术落后和现实工作的客观需要相比，还存在不小的差距，供需矛盾仍很突出。此外，地方政府还要承担矿区公共卫生和健康、社会保险、煤矿棚户区改造、职业教育等社会成本。

现实中，资源的贡献由中央、省、市等多级政府共享，开采成本却由市县基层政府承担，显然是不合理的，应该由中央、省、市、县等多级政府共同承担资源开采的成本补偿责任。通过中央与省级政府设立资源开采成本补偿专项转移支付资金，承担起自己应该承担的支出责任，才能维护分税制的良性运行。

不仅仅在石油、煤炭行业存在这些问题，很多垄断性行业或资源聚集区域都有类似的问题。早在几年前，曾有专家提出来，垄断企业税收应当拿出适当的比例和地方政府共享。我认为这是分税制财政体制改革绕不过去的一个重点，当前及未来的分税制改革应该是一揽子的方案，而不是修修补补。

2. 公共服务的层次性及其责权利的划分

财政体制的科学设计，需要以法治为基础合理划分各级政府

---

① 据统计，2006 年全市共立刑事案件 16834 起，立治安案件 16257 起；2007 年共立刑事案件 24169 起，立治安案件 32729 起；2008 年共立刑事案件 18032 起，立治安案件 32769 起。

的事权。粗略地讲，政府事权可以归为两类：一是经济建设；二是公共服务。政府事权的划分难点，是公共服务职责及权力的界定。

从内容上看，义务教育、中等职业教育和劳动力技能培训，重大疾病防治体系，基层公共卫生、社会福利、公共文化和体育设施，公检法司等基础设施，就业服务，社区服务，食品药品安全监管设施，安全生产监管、煤矿安全监察设施及支撑体系，防洪、气象、地震等防灾减灾，贫困地区以工代赈和易地扶贫等，已成为中国政府公共服务的重点领域。除此之外，社会保障、城乡建设、保障住房等公共服务，也是各级政府不可推卸的责任。

上述公共服务项目都与居民日常生活密切相关，符合政府为全体人民提供均等化基本公共服务的根本原则。但从受益范围角度看，则具有明显的层次性特征。有些属于全国性的，如重大疾病防治体系；有些属于跨省区的，如防洪防灾与减灾；有些属于特定区域的，如文化体育设施；有些属于特定群体的，如劳动技能培训。从最终效果上看，某项公共服务可能使有的主体受益，有的主体受损，也可能导致每个人受益或受损的程度不同，从而在不同服务对象身上产生不同层次的效益。

与层次性特征相对应，每一项具体的公共服务都具有明确的区域边界。在既定辖区范围内，有些公共服务属纯公共性事务，适合由基层政府单独提供；有些属混合性事务，适合由当地居民与辖区政府联合提供；有些则具有正外部性，适合由辖区政府与上级政府联合提供。在政府特定安排下，有些公共服务也可由私人部门提供，或由政府与私人部门联合提供。基于公共服务的公共性，政府要始终发挥主导作用。虽然非政府行为主体也可以提供公共服务，但这并不能否定政府公共服务职能的履行，相反更需要政府配套政策的辅助与支持。

实践告诉我们，公共服务供给与基层政府的联系极为密切，这里仅以基础教育为例。在美国，基础教育主要由州以下的地方政府承担，联邦政府负责制定与实施全国性最低教育标准，以维持地区间教育水平的大致公平；在英国，基础教育所需经费来自于中央政府的固定拨款，但主要由地方政府管理和使用；在日本，基础教育经费由中央和地方共同负担，地方政府负责学校建设和管理，中央政府和省级政府负责大部分的教师工资。实践中，由于基础教育这项公共服务具有极强的外部性，客观上要求中央与省级政府承担更多的公共服务支出职责；又由于其规模庞大，学校数量众多，相应的管理责任只能由具有信息优势与管理优势的基层政府具体承担。

事实上，地方政府的主要职责就是提供公共服务，已被公认是西方发达国家划分中央与地方政府职责的基本原则。由于地方政府，尤其是基层政府，贴近居民日常生活，在公共服务供给上承担着更多的责任。在日本，都道府县级政府比较侧重经济服务，基层的市町村政府比较侧重居民生活服务。① 例如，与社会经济运行密切相关的港湾、警察等公共服务，由都道府县政府负责；与居民日常生活密切相关的消防、城市规划、公共卫生、住宅等，由市町村政府负责。都道府县财政有警察费支出，无消防支出，而市町村财政则恰恰有消防支出，无警察费支出，就是这一原则的具体体现。

进一步讲，不同的供给主体，具有不同的侧重点，这就需要在不同层级政府之间、在公共部门与私人部门之间，合理分配公

---

① 在日本，中央与地方共同负责领域，如公路、河流、教育等，主要采取两种方式，一是将某项事务分成许多细项，然后明确规定中央与地方的责任范围；二是对于某项事务确定中央与地方的经费负担比例。日本以前者居多，如公路，分为国道、都道府县道和市町村道，各级道路由各级政府修建和管理。

共服务职责，建立起统筹、协调的公共服务供给体系。总结国内外经验与教训，公共服务职责有必要细分为支出责任与管理责任。支出责任，应依据具体公共服务项目的自身特征而定，或由基层政府独自承担，或由上下级政府共同负担，或由基层政府与辖区居民共同承担。管理责任，是支出责任分配之后、资金具有充分保障的前提下，实际提供公共服务过程中所需履行的责任，通常只能由具有信息优势与管理优势的基层政府全部承担。

无论是支出责任，还是管理责任，它的履行必须要以一定的收入来源为基础，要求获得与所承担责任相匹配的财权。现实中，由于上级政府，尤其是中央与省级政府为了发挥调控作用，往往具有比下级政府更大的财权；在基层政府财权较小而实际承担较多责任的情况下，必须通过政府间转移支付实现财力的下移，为基层政府履行相关支出及管理责任提供保障。综上所述，支出责任、管理责任、财权、财力，构成了公共服务供给中的四大要素。反映在现实中，这就意味着各级政府公共服务职责的划分，不必仅仅依据行政隶属关系，政府机构设置未必上下对口、职责同构，而可通过四要素之间的合理、灵活搭配，实现各项公共服务的有效供给。

3. 政府间权责均衡的制度构建

目前，中国各级政府的公共服务职责缺乏明确而正式的划分，导致各级政府间并没有本质区别，除少数公共服务如国防专属中央政府以外，地方政府拥有的公共服务职责几乎是中央政府的翻版，呈现出"上下对口、职责同构"的特征，而且在实践中往往采用"下管一级"的办法，将更多的公共服务职责下推到基层政府。

1994 年分税制体制改革之后，通过集中财力强化了中央财政的宏观调控能力。随后，省以下政府普遍模仿中央与省的财政关系，将财力层层上收。与此同时，由于中国单一制集权传统的深刻影响，大部分财权一直牢牢控制在上级及更高一级政府的手中。与此相适应，中央、省及地市级政府的公共服务供给能力较强，而县（市）及乡政府既缺少财权，又缺乏财力，公共服务供给能力明显不足。因此，要实现公共服务的有效供给，必须科学调整政府层级之间公共服务支出责任的划分，同时进一步改革现行财政体制。

第一，建立"以县（市）为主"公共服务供给体系。公共服务供给要坚持"以县（市）为主"，原因是多方面的。从根本上讲，县（市）政府最了解居民日常生活中的真实需求，具有信息优势与管理优势；从历史上看，虽然中国在不同时期实行过三级、四级、五级等多种类型的政府体系，但县政始终最为稳定；从现实角度看，以乡镇或以地市为主的公共服务供给模式，要么服务半径过小，要么服务半径过大，都不能更有效率地实现公共服务供给；就一般而言，在既定县（市）辖区范围内，经济社会发展水平差异不大，有利于实现公共服务供给水平的均衡。此外需要说明的一点是，建立"以县（市）为主"公共服务供给体系，不能取代县（市）以上政府承担其应该承担的公共服务支出责任，恰恰需要以科学划分政府层级之间公共服务支出责任为基础。

第二，实现公共服务支出责任与财权之间的匹配。公共服务供给"以县（市）为主"，要求赋予县（市）财政一定比例的财权，通过分税或分成建立与完善稳固、坚实的市县税制，使县（市）政府成为有职、有责、有权的基层政府。这里仅以公共卫生支出为例。1994年分税制改革实行卫生职责属地分级负责原则，1997年进一步明确"各级地方政府对本地区卫生工作全面负责"，由此导致在随后的十多年里，中央卫生支出仅占卫生总支出的5%，其他均来自地方财政，而县乡卫生支出占到卫生总支出的55%～60%。公共卫生服务职责与县乡财权、财力之间严重失衡，只会加剧公共卫生服务的缺失与县乡财政的进一步困难。要么由中央与省级财政承担更多的公共卫生服务支出责任，要么赋予县（市）财政相应的财权。否则，难以从根本上解决问题。

第三，通过政府转移支付实现公共服务职责与财力之间的平衡。通过规范、完善的政府转移支付制度向基层政府转移财力，不仅是高层政府实现其公共服务职责及其宏观调控目的的重要渠道，也是实现基层政府财力与服务责任均衡的必然要求。就中国现状而言，现行政府转移支付制度不仅带有较深的旧体制烙印，同时也面临着诸多困难，如地区间公共支出水平的悬殊差异、强烈的地方既得利益刚性、统计数字不完整和不准确等，在一定程度上影响着公共服务的有效供给。为此，需要以公式化形式确定转移支付金额，降低直至取消税收返还，扩大一般性转移支付规模，规范专项拨款，实行以纵向为主、横向为辅的转移支付模式等，以真正实现公共服务支出及管理责任与财力之间的最终平衡。

通过调整政府层级之间公共服务支出责任的划分，改革现行财政体制，是一个宏大的系统工程，还有诸多问题需要考虑并配套。

第一，塑造"自上而下"与"自下而上"相结合的公共服务决策机制。长期以来，上级政府掌握"行事规则"的制定权，在公共服务支出责任和财权的划分上占尽上风，还采取权力、激励、代替决策等方式，将本应由本级负担的费用强制下级负担。迫于上级政府不断传递的财政支出压力，下级政府总是试图凭借熟悉当地社会经济各项事务的绝对信息优势，采取侵占上级收入、向上转移支出及逃避实际支出责任等途径，倒逼上级财政负担支出。上下级政府间的这种博弈，从根本上有悖于分税制的原意。所谓政府分税，如同百姓分家，要分收入，也要分支出，要分权力，也要分责任。分税完毕后，各级政府必须在自立基础上实现自主。反映在公共服务供给上，就是要塑造"自上而下"与"自下而上"相结合的公共服务决策机制，切实、有效地为全国人民提供均等化的基本公共服务。

第二，财政体制应在尽可能稳定的基础上做到科学与规范。1994年分税制体制改革以来，尽管没有进行根本性的大调整，但小的微调还是非常频繁的。1997年调整了证券交易税的中央地方分享比例，2001年起分3年把金融保险业营业税税率降低至5%，2002年起企业所得税和个人所得税实行中央地方共享，2004年起出口退税增量部分由中央与地方共同负担，2012年1月1日起营业税改征增值税试点改革开始启动。客观地讲，财政体制必须要适时调整，但在改革时机、方式等问题上，应考虑地方各级政府的现实需要与可能反应，上级政府不合时宜地"剔肉"，而将"骨头"留于下级政府的做法，只会使下级政府在经济社会发展战略选择上无所适从，其负面影响至为深重。所有政府层级间的财政关系，都应在尽可能稳定的基础上做到科学与规范，这是市场经济健康与持续发展的客观需要。

第三，将公共服务供给与县乡财力保障有机结合起来。这是两个不同的问题，却有着密切的联系。举例来说，两者都要求合理调整财权与财力划分，也要求在行政管理方面进行配套改革，在政府机构设置上，不应强求"上下对口"与"职责同构"，实事求是地赋予县（市）基层政府相应的职权与地位。更重要的是，完善公共服务供给体系，需要协调公共服务与经济建设之间的关系，从根本上转换政府职能，而这恰恰是强化县乡财力保障的关键之一。将完善公共服务供给体系作为强化县乡财力保障的重要切入口，可以对创新财政理财思路、分类管理地方政府债务、及时防控财政风险等产生重大而深远的影响。

第四，通过加强绩效管理确保公共服务质量。要让每一分财政资金花的有效益，这是公共服务在现实中的最终实现，也是衡量公共服务供给水平的重要标志。例如，美国在 2001 年《不让一个儿童落后法案》中规定，对领取联邦经费补助的州、学区及学校，必须采取严格的州级考试制度，进行绩效评估，并确保所有学生达到较高的学业标准。中国目前存在的教育"乱收费"、医护人员创收等问题，也说明了公共服务绩效管理的重要性。对于公共服务诸多问题当然可以归结为投入不足，但在许多方面并不是钱的问题，或者说主要不是钱的问题，尤其是农村公共服务，其真正困境是基层政府致力于公共服务的动力不足，这不仅意味着基层政府需要具备深刻的使命意识和有效的责任机制，而且更需引入公民的问责。政府具有为全国人民提供公共服务的职责，而城乡居民最关心每一项公共服务，也最有资格评价和监督公共服务的供给。

中国的改革财政体制，振兴基层财政，一定要以为广大城乡居民提供更高水平的公共服务为立足点和着眼点，只有这样才能找到解决问题的根本途径和正确方法。然而，中国社会历经数千年发展演化，形成自身独特的文化传统，其对政治、经济、社会各个层面的影响都不容忽视。在处理政府间财政关系时，协调好"官治"与"自治"的作用，在中央财政宏观调控基础上，使县（市）基层政府真正做到有职、有责、有权，这是中外历史正、反两方面实践早已昭示的必然趋势。要么自觉地运用这一规律，要么被动接受客观规律的自发调节，虽然终极目标都是为了不断提高人民的物质文化生活水平，但选择的道路不同，经受的磨难不同，享受的福利也将大有差异。

第四章　法治化与政府债务融资

党的十八大提出"全面推进依法治国"，十八届四中全会做出《关于全面推进依法治国若干重大问题的决定》。坚持依法治国，可以为党和国家事业发展提供根本性、全局性、长期性的制度保障。财政是治国理政的重要基础，无疑也要坚持法治化的发展方向。从目前情况看，在财政领域，法治化的任务还非常艰巨。以政府债务融资管理为重点，探寻走向法治化之路，是实现财政法治化的关键难题，对全面实现依法理财具有重要的标杆效应与指导意义。

一、历史发展的推动力

马克思主义认为，生产力是社会基本矛盾中最基本的动力因素，是人类社会发展和进步的最终决定力量。然而，生产关系可以促进生产力的发展，也可能阻碍生产力的发展。财政和金融是生产关系发挥作用的两个基本工具，对历史发展进程发挥着深远的影响。

1. 成也财政 败也财政

为什么要介绍下面这个故事，是因为我在读历史书的时候发现，不懂财政实在是太可怕了，可能导致非常惨痛的悲剧。

李自成①是明朝末年的风云人物，大家对他都不陌生。可是很多人却不一定知道，他的人生命运及其军国大业，与八个字关系密切，即"成也财政，败也财政"。

详情要从1627年崇祯皇帝②继位说起，崇祯当了皇帝以后也想振作自己的国家，把祖宗留下的这个江山治理好，他下决心推行改革，使国家社会经济发展更加和谐。历朝历代的改革，基本内容大都离不开"增收减支"四个字，核心都绕不过"财政"二字。崇祯当皇帝的时候，国家要增加收入已是不可能的事了，老百姓连饭都吃不上，税收的基础在哪里？收入增加不了，唯一的选择只能是减少支出。

围绕如何减少支出这一问题，崇祯皇帝找到了改革的方案，那就是砍掉一部分政府机构，支出负担自然得到削减。所以，1628年崇祯帝推行了政府机构改革，其中一项措施是裁剪驿站。驿站是什么？大致相当于今天的邮政局加政府接待办，一个庞大的政府服务系统。在这次改革中，驿站小吏李自成下岗了。有人说李自成是农民，其实他不是农民，他拥有公务员身份，但他最后领导了农民起义。

李自成下岗了，他要生存，崇祯帝有没有为这些人设计出

---

① 李自成（1606～1645），明末农民起义领袖，世居陕西米脂李继迁寨。1629年起义，勇猛有识略。1643年在襄阳称新顺王，1644年正月建立大顺政权，不久攻克北京，推翻明王朝，山海关战败后退出北京。

② 朱由检（1611～1644），明朝第十六位皇帝，年号崇祯。崇祯十七年三月十九日凌晨，崇祯揩御笔太监王承恩离开紫禁城，登上皇家禁苑煤山，在一株老槐树下自缢身亡，时年34岁。

路？设计好了，出路是让他们回家种地去。问题是下岗人员会不会回家种地？在那个饥荒连年的时代，"与其坐而饥死，何不盗而死"，回家种地已经无法养活自己了。李自成的出路在哪里？他要自己找！1629年2月，李自成到甘肃甘州投军混碗饭吃，当年年底即揭竿而起。1633年加入高迎祥的农民起义军，1636年高迎祥战死之后，李自成当了"闯王"。自1629～1640年的十多年时间里，李自成没有立足之地，几次险些被捉住杀头，靠贿赂朝廷官员才逃出一条生路。

直到1640年，李自成遇到了一个举人，名字叫李岩[①]，他告诉李自成，你要打出旗号来，"迎闯王、不纳粮"这6个字为李自成建立了战时（非常时期）财政制度。这一制度建立的当年打下了洛阳，三年（1643年）后打下襄阳，李自成称"大顺王"，四年（1644年）后打下了北京，李自成称帝。李自成之所以成功，成在李岩为他建立了一个适应当时国情的战时财政制度。

然而，李自成最终还是失败了，也败在李岩的这个财政制度没有及时转型。进了北京城以后，还是"迎闯王、不纳粮"，欢迎我的人，我不收你的税。为了给庞大的军队和政府提供财源，他只有一个途径——抢。在北京，最初受到洗劫的对象，是部级以上的王公大臣，他发现这些大臣们家里的钱太少了，肯定是这些狡猾的官僚把钱分散存放在处级干部家里，所以下决心扩大洗劫的对象，发现处级以上官员也没多少钱财，处级干部也很狡猾，极有可能把钱藏到老百姓家里。最后，李自成洗劫了整个北京城。

实在讲，李自成的失败，不是因为吴三桂引入清朝的骑兵，

① 李岩，河南开封府杞县人，明朝天启丁卯年举人。后投奔李自成，辅佐其成就霸业，建立大顺。1644年，因牛金星诬陷，李岩惨遭冤杀。

现代财政制度——『四化一知』的国家选择

而是源于他自己，尤其是不懂财政，没有把战时财政制度及时转向一个稳固、科学的财税制度体系。实际上，崇祯帝也不懂财政，驿站改革没能带来经济强固和社会稳定，反而为自己和国家培养了"掘墓人"。明朝末年的悲剧，很大程度上都是因为他们没有好好地学习财政知识。不懂财政或无视财政制度缺陷的存在，必将酿成更大范围的灾难。

2. 伤于财政　毁于金融

与中国明清之际的改朝换代不同，当时的欧洲国家正酝酿着经济领域的"改朝换代"，随后走向工业化、市场化、城市化的发展道路。西方工业化国家数百年的近现代经济发展史、数百次的经济危机史，告诉我们八个字的历史密码，叫"伤于财政，毁于金融"。在市场经济条件下，财政体系不健全，问题未必会表现在财政上，它往往首先通过金融反应出来，如果得不到及时解决，极可能爆发金融危机，最终转化成财政危机和社会危机。

19世纪初期的美国，是一个不折不扣的农业国，530多万人口中有94%生活在乡村。当时，经济最为活跃的部分是大西洋沿岸的出口贸易。在远洋贸易中致富的北方商人，开始投资国内制造业，特别是纺织业，增加了东北部地区对棉花等农产品的需求，促进了自东向西的移民活动及西部农业开发。美国南部的土地与气候极为适合棉花生长，加之当时英国工业革命对棉花的需求，导致南方棉花生产与贸易的快速兴起，为美国工业化积累了大量资金，也促进了北方制造业的发展。到1815年，美国经济形成了早期的区域专业化分工，各地区和行业互为市场，国内资源得到了较为有效的利用。然而，没有一个四通八达的交通系统，将难以形成完整的国内市场，其他一切都是空谈。

美国是一个崇尚自由的国度，政府极少直接干预某个行业的发展，但教育、科技和交通除外。1808年，美国时任财政部长阿尔伯特·加勒廷提出修筑道路和运河，将美国各地区连接起来。此后，修建驿道、开凿运河的高潮相继涌来①。在开凿运河的同时，美国人发现火车和铁路更有前途，新的铁路建设高潮即刻来到。1830 年美国铁路总长 37 公里，1840 年增至 4800 公里，1860 年增至 48000 公里，超过当时世界上其他地区所有铁路长度总和。在上述交通建设中，几乎所有主要的运河水道都是由州政府、地方政府承建和管理；铁路虽以私营为主，但联邦政府、州政府、地方政府都给予铁路公司资金、土地、债券担保、税收优惠等大量支持和帮助。

1857 年秋，美国靠空头支票、出口信贷生存的进出口商首先大批破产，继之，银行纷纷倒闭。一度同纽约争夺全国金融中心地位的费城，几乎全部银行都停止支付。随后，纽约 63 家银行中 62 家遭到挤兑而停止支付，贴现率上升到 60% ~100%，铁路公司的股票价格跌了 85% ~87%，金融危机迅速蔓延至英国等国家。

1872 年，由于建设成本高涨，预期收益下降，美国的铁路线增长速度开始放慢，机车及铁轨订货开始减少。于是，铁路股票价格开始下跌。从下跌转为暴跌是始于 1873 年的奥地利首都维也纳的股市暴跌，24 小时内股票贬值达几亿盾。维也纳交易所危机引发了世界性经济危机，伦敦、巴黎、法兰克福、纽约等地金融市场一片恐慌，铁路股票纷纷下挫。1873 年 9 月，美国最殷实银行的杰依—库克金融公司因铁路投机破产，纽约股市狂泻，5000 家商业公司和 57 家证券交易公司相继倒闭，纽约证交所第一次关门 10 天。此后，美国铁路线增长率连续 4 年下降，生铁

---

① 所谓驿道，是人工铺设的设卡收费的大道，因其不适合货运，并难以盈利，在兴起十多年后即被放弃。所谓运河，是通过挖掘人工水道把东、西部联系起来。1816 年美国运河总长 160.9 公里，1840 年已达 5352 公里，建成当时世界上最完整的运河系统。

产量由 260 万吨降至 190 万吨，船舶下降 60%，机车下降 70%。进口降幅达 36%，其中铁和纺织品进口分别减少 82% 和 45% ~55%。

历史仿佛总是充满了巧合，即便是金融危机也总是经历着轮回。对于美国所经历的金融危机来说，似乎总是每 20 年便轮回一次，如 1819 年、1837 年、1857 年、1873 年、1893 年、1907 年和 1929 年。美国经济在繁荣与动荡中经历了第二次世界大战与美苏争霸，1987 年再次遭遇"黑色星期一"，导致一场金融大地震。接下来，距离我们最近的一次是 2008 年。

如何认识近代以来频发的经济危机？马克思在《资本论》中提出：一切真正的危机的最根本的原因，总不外乎群众的贫困和他们的有限消费，资本主义生产却不顾这种情况而力图发展生产力，好像之后社会的绝对消费力才是生产力发展的界限。可以说，经济危机就是资本主义基本矛盾的集中体现和强制性解决，是资本主义经济制度的必然产物。

在化解危机的压力驱使下，西方工业化国家也在苦苦寻求解决问题的良策。在无情的事实面前，认为资本主义市场经济是一种自然和理想的经济组织形式，否认资本主义社会发生全面危机等理想化观念彻底崩塌，以财政干预为核心特征的凯恩斯主义①开始盛行，通过抑制金融过度创新、多途径弥补市场失灵、加强与完善政府调控，实现政府与市场、金融与财政之间的良性互动。

从理论上看，金融代表着市场的力量，财政则代表着政府的力量。不受制约的金融，难免会冲动，甚至酿成大祸。"瘸腿瘪

---

① 凯恩斯主义是建立在凯恩斯著作《就业、利息和货币通论》的思想基础上的经济理论，主张国家采用扩张性的经济政策，通过增加需求促进经济增长。即扩大政府开支，实行财政赤字，刺激经济，维持繁荣。

脚"的财政，往往做不成什么事，甚至拖累社会的发展。财政"受伤"了，金融也不可能健康，相反可能会更亢奋、躁动，最终走向崩溃。

3. 政府债务融资的管理与运用

改革开放以来，中国经济发展取得了举世瞩目的成就，金融与财政成为其中最重要的两大推动力量。处理好财政与金融的关系，始终是保持经济快速发展的一项基本原则。加强政府债务的管理与运用，成为协调财政与金融关系的重要连接点。

中国1994年《预算法》第28条规定："除法律和国务院另有规定外，地方政府不得发行地方政府债券"。在随后的20年里，除中央代地方发行政府债券及根据国家统一安排由地方政府举借的外债以外，没有法律意义上的地方政府债券。即便是2008年北京奥运会及2010年上海世博会的场馆建设，也只能通过企业债券的形式筹集资金。但是，这并不意味着中国不存在地方政府债券的替代品。

事实上，地方政府及其附属机构早就以各种名义、想尽千方百计、通过多种途径筹集资金，形成种类繁多的地方政府债券替代品。改革开放早期的城市基础设施特许权授予中，有相当数量的项目是以合同形式，保证外商获得某一固定的投资回报率，把回报率的预期值变成由政府保证的固定收益，这实际上就是债券。20世纪80年代重新兴起的信托机构在高峰时期多达上千家，大部分是地方政府的债务融资渠道。1998年以后，国家开发银行开始实现从政策性金融向开发性金融①的过渡，以省为贷款对象、

① 开发性金融是政策性金融的深化和发展。开发性金融是实现政府发展目标、弥补体制落后和市场失灵，有助于维护国家经济金融安全、增强竞争力的一种金融形式。开发性金融一般为政府拥有、赋权经营，具有国家信用，体现政府意志，把国家信用与市场原理特别是与资本市场原理有机结合起来。

以地方土地收益或税收收入为担保"打捆项目"贷款走向大江南北。各商业银行或是以委托贷款名义，为地方城建集团等国有企业筹资上项目，或是以土地收益、税收收入为质押，向地方政府提供建设资金。上述行为，无不形成对地方政府债券的替代。

实践表明，上述种种途径形成的地方债券替代，既取得了斐然成绩，也积累下很多问题。改革开放三十多年来，中国局部地区和个别机构的金融风险或债务风险事件也曾多次发生，带给业界人士深刻的记忆。由于地方政府债务制度缺失、渠道多样、管理不规范、监督薄弱等原因，1994 年《预算法》提出的谨慎财政思想不仅未能带来谨慎，反而在许多基层政府引发了大大出人意料的表现，甚至再现了"人有多大胆，地有多大产"的局面，"敢于负债""不计后果去负债"等行为给金融业、实体经济及政府宏观调控等带来了巨大风险。

从现实情况看，中国的财政收入体系需要改善，支出责任需要划分清楚，政府间的财政关系也需要科学化和规范化。地方政府尤其是基层政府承担了很重的经济发展职责，但是财权、财力与事权不匹配，"土地财政""举债财政"大行其道。这样一种现状使得财政问题蔓延到整个金融领域，为经济社会发展带来诸多不可忽视的影响。如何认识及化解其中的矛盾，事关中央与地方、财政与金融等关系的处理与协调，是一道严肃的政治命题。

二、政府债务融资的格局与治理

改革开放三十多年来的持续快速增长，使中国站到一个更高平台，"中国模式""中国奇迹"引起全世界的高度关注。正确认识与有效化解当前中国政府债务融资管理中存在的问题，对于实现"中国奇迹"第二季具有决定性的意义。

1. 走向"中国奇迹"第二季

罗纳德·哈里·科斯，1991 年诺贝尔经济学奖获得者，于 2013 年 9 月 2 日上午在美国去世，享年 102 岁。他对中国情有独钟，对于中国三十多年来取得的"中国奇迹"，提出两个方面的解释：一是"边缘革命"取得成功；二是区域竞争调动了全社会生产要素的积极性，推动经济增长与发展。[①]

2013 年 1 月 20 日，澳大利亚原总理陆克文在伦敦经济学院中国发展论坛（第五届）提出："中国过去 35 年以来的经济增长是有有效期的，需要寻找新的增长模式，改变模式是必然的，只有改革才能维持增长"。他这句话的潜台词是，我们 35 年来形成的经济增长模式的有效期已经到了，需要改革和转换。

在尊重现实的基础之上，党的十八大之后，新一届中央领导集体推出一系列新政，让全社会耳目一新。之所以做出这些决策，是源于对过去 35 年的总结评判，我归纳为"四个习惯、四个忽略"：习惯于运用投资和出口实现经济增长，相对忽略消费的培育；习惯于政府干预市场甚至替代市场，相对忽略市场力量的扶持；习惯于城镇化特别是房地产业的物化繁荣，相对忽略实体经济的结构升级；习惯于通过货币的增发推动经济增长，相对忽略货币超发带来的复杂影响。

"四个习惯"带来了"中国奇迹"第一季的繁荣，"四个忽略"导致了繁荣背后的隐忧，需要我们在有所改变的基础上走出

---

① 罗纳德·哈里·科斯是产权理论的创始人，1937 年他以本科论文为基础发表的《公司的性质》一文中，阐明该理论的一些基本概念，人们至今仍为他当时的洞察力深感惊奇。但该书并没有得到太多关注，沉默了近三十年，产权理论才受到重视。20 世纪 80 年代后随着自由放任思想潮流的高涨，产权理论受到高度评价，科斯也正是因此获得诺贝尔经济学奖。长期以来，科斯高度关注中国的发展，许多观点被记录在《变革中国：市场经济的中国之路》，中信出版社 2013 年版。

一条新路。十八大之后的新政，体现出"四个兼顾"的理念：一是继续发挥政府的职能作用，同时兼顾发挥市场的作用；二是继续运用投资和出口两大工具推动经济增长，同时兼顾推动消费升级；三是主动挤压虚拟经济泡沫，同时兼顾实体经济的发展；四是支持重点领域与行业的发展，同时兼顾补齐薄弱环节和短板。可见，当前及未来一段时期的经济社会发展，既不能完全抛弃老的做法，又要有新的创新，开始进入结构转型关键期，这是实现"中国奇迹"第二季的必然选择。

2. 金融体系的加速变革

无论是"中国奇迹"的第一季，还是即将迎来的第二季，金融始终发挥着重要的职能作用。在经济社会发展过程中，中国金融经历了四个阶段的变迁：一是传统金融；二是金融脱媒；三是影子银行；四是互联网金融。

改革开放的前 25 年，处在传统金融发展阶段。所谓传统金融，它的主体是银行，银行成为传统金融体系的"老大"。2004年以后，金融脱媒的进程加速发展。什么叫金融脱媒？脱哪个媒？媒指的是银行，越来越多的金融资金绕开银行，直接进入它想去的领域，银行以外的金融机构成为替代银行的重要力量。

最近几年，尤其是 2008 年以来，影子银行成为大家熟知的一个概念。什么叫影子银行？它肯定不是银行，但又在做银行的事。影子银行放贷，不是直接的贷款，而是贷款的证券化，它发放一种证券化的凭证，通过这种方式把金融资金流向社会，成为信贷的中间体系。

影子银行主要源于三个渠道：一是商业银行的理财产品，商业银行本来是放贷的，却搞起了理财产品，通过理财产品贷出资金；二是非银行金融机构的类信贷类产品，非银行金融机构不具备信贷的职能，却创造出类似信贷的产品，干了银行的活；三是民间金融或地下钱庄。

2013 年，一个新的金融业态诞生了，叫互联网金融。阿里巴巴的马云发现了这个更赚钱的发展方向。阿里巴巴和天弘基金共同创造了一个新的金融工具——余额宝。很快，中国平安和 eBay 推出了"贷贷平安"商务卡互联网金融产品。

这些电商和金融机构相互融合，绕过中国人民银行、银监会，面向它的电商客户发放贷款。互联网金融之所以能出现，有它生存的基础和空间，但也有很大的风险。它毕竟从事的是一种信贷业务，金融业务的风险是天生的，迫切需要国家层面用制度去规范它，促使它在健康的道路上发展。

3. 四大金融问题亟待破解

2013 年五六月，李克强同志反复强调要正确理解与实施货币政策，提出盘活存量货币。现实中，我们不是没有钱，而是有很多钱，但是很多货币资金是闲置的，甚至是在金融体系内部空转。改革开放三十多年的金融变迁，积累了四大金融问题。

第一个问题是银行资金在实体经济体外循环或在金融体系内部空转。银行吸收老百姓的存款，要通过贷款进入实体、进入产业，才能获得利润。但是，现实中很多银行资金不进入实体或产业，而是由金融机构制造出理财产品，流向社会，信贷资金严重脱离实体经济。

第二个问题是金融资金流入房地产业，成为助涨房地产泡沫的重要力量。很多企业家认为，产业经营不赚钱，而搞块地皮、干干房地产开发能快速暴富，所以很多实体经济把本应用于实体的资金投向了房地产，拖累了产业结构升级。

第三个问题是金融资金进入政府投资领域，进入地方融资平台，挤压了市场的空间。银行很愿意把资金贷给政府，不愿意贷给企业，因为政府不会破产，而企业随时可能倒闭，这一偏好使得企业获取银行资金的空间变小，难度变大。

第四个问题是金融资金流向大企业、大机构，恶化了中小微企业的发展环境，也不利于激活市场活力和扩大社会就业。

盘活存量货币，实质是要破解这四个问题。金融是经济的核心，金融风险从来都不是局限于金融领域内部，而是存在于经济社会发展的角角落落。经过三十多年的持续高速增长，中国开始步入相对平缓的中速增长阶段，加之国际经济政治的不稳定性加剧、国内经济社会矛盾凸显等诸多因素，中国金融业的风险问题比任何时期都相对复杂。改革财政体系，健全财政政策，有利于将金融业及其资金运用带入一个更加良性的发展轨道。

4. "四位一体"融资格局的治理之道

对于地方政府来讲，上级握有经济社会发展的考核指标，而自身的经济社会发展则离不开钱，但财政的钱只够吃饭，建设怎么办，还是要靠财政以外的融资工具，即地方政府债务。

负债本身不是个坏东西，不负债对不起人民，过度负债对不起子孙，关键在于如何负债及如何使用债务资金。从历史上看，政府债务是财政体制变迁、财政制度创新的动力源，也是推动金融市场发展、金融管理变革的重要力量。

无论是东部发达地区，还是中西部地区，地方政府基本上形成了"四位一体"的融资格局：一是地方债，2009 年开始允许中央代地方政府发行，2014 年《预算法》修正案允许以省级政府为主体发行地方政府债券，目前全国地方债的总规模非常有限；二是城投债，2014 年之前法律不允许地方政府自己发行债券，但默许地方政府以企业的名义发行城投债。由于城投债的发行需要具备多项严格条件，许多市县政府的融资平台企业迈不过相关"门槛"；三是通过银行获取信贷资金，这是绝大多数县区基层政府融资的最主要的渠道；四是通过公私合作方式获取资金，如 BT、BOT、PPP 等合作模式。

2013 年春，财政部楼继伟部长针对地方政府债务管理实际，提出应该正视现实，开正门，堵旁门，着手建立法治化的地方政府债务管理制度。当然，推动地方政府债务制度变革，绝非一日之功。因此，在当前及未来一段时期内，准确把握地方政府债务制度改革的规律与进程，是加强政府宏观调控、完善财政金融管理的必修课目之一。

首先，如何建立以一般责任债券和专项债券为主要工具的地方政府债券发行与管理制度。具体来看，中国有 2800 多个县，是否可能同时允许所有的区县拥有发行政府债券的资格和权力？由于区域差异巨大，这种可能性微乎其微。在相当长的一段时间里，绝大多数市县仍然不可能自主发行地方政府债券。

其次，在地方政府债券制度尚未健全和成熟之前，中央政府会不会为地方政府融资提供一个替代工具，这个替代工具会是什么？一个可行的选择是引进社会资本投资。

最后，现存数量巨大的各类地方政府融资平台还有没有生存与发展的空间？建立健全地方政府债券发行和管理制度，需要一个过程，特别是在广大的区县基层政府，难以在短期之内获得发行地方政府债券的资格和权力，这就决定了相当多的基层政府融资平台仍然具备一定的生存与发展空间。因此，地方政府融资平台不可能被全部关掉，但是它的唯一发展方向是市场化、实体化、规范化，一个纯粹的借钱的"空壳"模式肯定是没有生存空间的。

三、国际经验的比较与启示

从历史上看，率先进入工业化、城市化的西方发达国家在经济社会发展过程中，也遭遇到类似中国面临的政府债务融资难题。比较美国、日本、英国三国政府债务融资模式及特点，为推进中国政府债务融资管理的规范化、法治化提供有益借鉴。

1. 市政债

所谓市政债券，是指由地方政府或其授权代理机构，为满足地方经济和社会公益事业发展的需要，根据本地区社会经济发展状况和资金短缺程度，在承担还本付息的基础上，按照有关法律规定向社会公开发行的一种债券。市政债券是地方政府筹措建设资金的一种手段，所筹集资金主要用于地方基础设施建设，如桥梁、公路、隧道、供水、供气、废物处理等。

美国的市政债券发展历史最为悠久，制度体系也比较成熟。在美国，市政债券一般分为两类：一是直接由政府出面发行的，以政府一般征税能力为担保的债券，即一般责任债券（generally obligation bond）；二是由地方政府特定的事业收入为担保来发行的债券，即收益债券（revenue bond）。收益债券的发行人不一定是政府，政府的代理机构和授权机构也可发行。

美国发行市政债券的历史可以追溯到 1812 年。纽约州首次采用发行债券筹集资金的办法开凿伊利运河，仅用 5 年时间运河就得以竣工。纽约州的成功经验对其他各州产生了很大影响，他们相继仿效纽约州发行债券来募集基础设施建设资金。总体来看，美国州及州以下地方政府的市政债券发展之路是十分不平坦的，规模起伏不定，区域分布也很不均衡，少数几个州的市政债券发行额占到了全部地方政府发行总额的一半江山。

1996～2011 年，美国城镇化率从 1996 年的 77.62% 上升至 2011 年的 82.38%。除个别年份外，市政债券发行额基本呈现震荡向上的走势，从 1996 年的 1852 亿美元增加至 2010 年的 4331 亿美元，累计增长 133.86%。美国的公用事业最主要融资工具是市政债券，占比为 90% ～ 95%，如水务事业，有 85% 来自市政债券融资，政府财政投资仅占 15%。

美国实行联邦、州和县三级财政管理。市政债券的发行主体包括政府、政府授权机构和以债券使用机构名字出现的直接发行体，其中州、县、市政府占 50%，政府授权机构约占 47%，债券使用机构约占 3%。其投资者主要是银行、保险公司、基金和个人投资者，其中家庭和各类基金约占 75% 左右。

美国市政债券主要有三个特点：一是运用地方财政收入或特定项目收益支持债券发行，其实质是借助州及地方政府的信用落实还款责任和担保问题；二是通过金融担保及保险公司参与实现债券信用增级；三是利息收入免税，地方政府可以用比其他相同信用等级债券低的利率成本进行融资。

以市政债券作为融资主渠道的美国模式，一方面满足了地方政府的公共产品配置职能；另一方面解决了大规模公共投资在几代人之间的公平负担问题。从公共产品的配置角度来看，受益范围的空间限制特点要求地方政府承担起相应的融资建设职责。全国性受益的公共服务须由联邦政府提供，地方受益的公共服务应由地方政府提供。从公平角度来看，建设一个可使用 30 年的公共设施，仅靠当地政府几年的税收将全部负担集中在此阶段纳税人身上是不合理的。如果采取举债并将债务按照受益期进行分摊，负担就会分散到受益的后几代人，从而解决了公平问题。

但是，完全依赖市政债券融资的做法也有不可取之处。由于市政债券以地方财政作为偿付担保和后盾，如果没有必要的约束，往往会引起地方政府的投资冲动，最终由于乱上项目导致地方财政负担过重的局面。另外，由于通过市政债券取得的资金成本较低且时间较快，也可能会出现公共投资过度或浪费等现象，不利于提高公共服务质量和效率，容易造成资源利用效益低下。

2. 政策性金融

始于明治时期、兴盛于第二次世界大战之后的日本政府投融资，其本质属性是政策性金融。第二次世界大战之后，日本面临着两个突出问题：一是如何尽快实现经济独立和解决大量失业问题；二是如何筹集资金加快建设基础设施投资项目。对此，分散弱小的私人资本无力顾及，而政府财政能够用于投资的部分也很有限。为此，日本政府开始通过大藏省（即今天的财务省）的资金运用部筹集部分资金用于投资，从而使政府投融资得以很快发展。政府投融资可长期使用的资金来源，包括资金运用部资金、简易保险资金、产业投融资特别会计资金和政府担保债四个部分，主要吸收社会民间资本，财政资金所占比重较小。日本政府以上述四大资金来源作为原始资金，向公社、公库、公团等进行投资或贷款，不断回收，滚动增值。

在政府投融资资金运用方面，日本实行政策性和有偿性兼顾的原则。财政投资通常不是由政府直接进行投资，而是向若干中介机构——政府投融资机构提供融资，由它们进行特定项目的投资。政府投融资机构分为两大类：一是公共事业机构，包括公团、事业团体和特殊会社、特别会计。这些机构利用从大藏省借入的政府投融资资金兴办各种事业，然后以事业收益偿还贷款本息。二是政府有关金融机构，包括两行（日本进出口银行、日本开发银行）、十库（国民金融公库等金融机构）和一个基金（海外经济合作基金）。这类机构不吸收存款，它们将借来的政府投融资资金按照产业政策转贷出去，从中获取利差收入。

经过数十年的探索与实践，日本政府投融资机构在政府的指导下，高效、有序地开展业务，对促进财政政策、产业政策的实施，引导社会资本流动，合理配置资源，调整产业结构等方面都发挥了积极作用。1945 年之后，首先支持钢铁、煤炭这些重化工业增长点的恢复；到了 20 世纪 50 年代初，将重点转移到造船业，使其造船业得到迅速的提升；50 年代后期，支持发展自动化机械，使其机器人保有量达到世界第一，超过了美国；到了 60 年代，其支持的重点转为半导体及信息技术；80 年代，其重点转移到住宅建设等方面。

当然，日本政府投融资也有一些教训值得思考。例如，政策性金融机构专业化程度很高，但市场化深度、证券化力度和国际化程度不够，部分金融公库的运作压制了商业金融等。政策性金融是把"双刃剑"，可以支持某些产业超常规发展，也可能积累一些矛盾。在这一方面，我们应该对政策性金融的利弊有充分的认识，才能在实践中趋利避害。

3. 公私合作关系

英国是运用公私合作关系（private and public partnership, PPP）模式的典型代表。四百多年前，英国就有了私人供水的历史，后来逐渐被国有化，到了 20 世纪 80 年代初又被民营化，从私营到国营再到私营。可以说，英国是 PPP 模式的先行者、倡导者和促进者。

1990 年自梅杰出任首相后，英国经济陷入衰退，公共支出却保持不断增长。为了应对这一难题，保守党政府开始考虑利用私人资金来支持日益增长的公共服务支出，推行 PFI 模式[①]。PFI 是 PPP 模式中众多工具中的一种。实践中，为了降低项目风险，提高公共部门权益，保证项目实施的成功率，英国将 PFI 进一步改

---

① PFI（private finance initiative），英文原义为"私人融资活动"，在中国被译为"民间主动融资"，是 BOT 项目融资的优化，政府部门根据社会社会实际提出建设项目需求，通过招投标，由获得特许权的私营部门进行公共基础设施项目的建设与运营，并在特许期（通常为 30 年左右）结束时将所经营的项目完好地、无债务地归还政府，而私营部门则从政府部门或接受服务方收取费用以回收成本的项目融资方式。

进为新型私人融资（PF2），两者最大的区别是在 PF2 中私人部门对基础设施不再运营，同时提高特殊目的公司（SPV）的注册资本金，政府持有一定股权。

在管理方面，1993 年英国在财政部下设立私人融资工作组和私人融资办公室；1997 年在财政部设立专门工作组负责 PFI 推广工作；1999 年成立长期英国伙伴关系组织，取代前期的财政部工作小组；2001 年该伙伴关系组织由政府持有全部股权变为政府和私人部门共同持有股权，政府持有 49％ 的股权，私营部门持有 51％ 的股权；财政部在特殊情况或特殊事项上拥有一票否决权，确保了在重大事项上公共部门的决定权。

目前，PPP 模式在许多国家都有应用，不同国家所应用的领域与模式也不尽相同。英国 PPP 模式有以下几个突出特点：一是风险管控，降低政府风险。英国 PFI 项目风险转移目标清晰，将项目的超期完工风险、超预算风险、经营风险转移给私人部门。二是价格固定，运营周期长。对采用 PFI 的项目，整个项目的成本和政府负担的成本都是不变的。PFI 项目运营周期长，一般会在 25～30 年，最少的 10 年，最长的 40 年。[①] 三是产出为基础，重绩效后付费。只有在项目完工后，能够达到预期的产出目标，这时政府才开始向投资者付费。项目完工前或完工后却没有达到预期目标的，政府不向项目公司付费。四是领域集中，交通项目投资比重大。1987～2012 年，英国共批准 PPP 项目 730 个，其中 650 个在运营中，运营金额达 540 亿英镑。从项目价值上看，交

---

① 例如，英国皇家医院，总投资额 20 亿英镑，经营期为 40 年，政府每年向这家投资机构支付 1.5 亿英镑的运营费（或投资回报）。

通占 36%、医疗占 19%、教育占 14%、宿舍（保障房）占 10%。[①] 五是较少采用特许经营，多数情况下选择 PFI。特许经营的 PPP 项目，需要使用者付费，而 PFI 项目则是政府付费的。由于英国的教育和医疗是全民免费，所以，在 PPP 项目中采用 PFI 模式。即便是交通（高速公路、铁路等）绝大多数也是采用 PFI 模式。

4. 启示与借鉴

一个国究竟采用何种方式的政府债务融资模式，受其历史文化传统、中央与地方关系、地方政府治理水平、金融市场发育程度等多种因素影响。借鉴国外成功经验，建立规范化、法治化的地方政府债务管理制度，是改善中国基础设施建设现状、促进地方经济社会事业全面发展的当务之急。

美国是联邦制国家，建国二百多年来，始终笃信"小政府"理念，对自由市场经济普遍推崇，政府制度保持着极高程度的稳定性，联邦政府很少直接影响地方政府的行为。美国资本市场比较发达，市场制度比较健全，因此市政债成为州、县政府债务融资的主要方式，并被联邦政府赋予了较大的自主权。尽管联邦政府对地方政府发行债券的审批限制很少，但许多州级法律对州及州以下地方政府发行债券进行了限制。

日本是单一制国家，其财政制度是在明治维新时期建立起来的，因此从诞生之日起就有明显的中央集权印迹。1879 年，日本确立了"举借地方政府债务必须通过议会决定"的原则，从此开始建立地方政府债务制度。在 2006 年以前，日本实行严格的

---

① 从项目数量上看，医疗占 32%、教育占 24%、宿舍（保障房）占 13%、交通占 7%。交通项目虽然数量少，但每个项目的投资金额却非常高，而医疗和教育项目虽然数量多，但其每个项目的投资规模相对较小。

"审批制"，地方政府没有真正意义上的举债权，过度依赖中央政府的指导和安排。第二次世界大战之后，在政府的强势主导下，政策性金融体系的建立和完善，成为地方政府融资的一种新方式，发挥了重要的职能作用。

英国是典型的资产阶级议会制的君主立宪政体、中央集权型单一制国家，中央政府集中了较大的权力，地方政府对某些事项有一定的自由裁决权，但从总体上要接受中央对其实施的种种监督与控制。第二次世界大战之后，政府奉行国家干预经济的政策，开始实行企业国有化、经济计划化和推行福利国家制度，以振兴经济和改善社会状况。这一政策在随后的三十多年时间里虽有所微调，但国有化、计划性理念一直持续到20世纪80年代，最终由于国有企业亏损严重、财政赤字压力巨大等原因，转而对国有企业实行私有化及股份制改造。在此背景下，公司合作关系融资模式应运而生。

实际上，在美国、日本和英国，市政债、政策性金融和公司合作关系等三种融资模式，都得到一定程度的应用，并在适应本国国情的基础上实现了充分发展。就中国而言，中央集权传统、政府力量强大、国有化基础深厚、市场发育不完善、法治意识薄弱等基本国情，决定了中国政府债务融资制度的发展方向。综合运用三种模式，形成有中国特色的政府债务融资模式，是一种较为明智的选择。

四、建立法治化的地方政府债务制度

2014年新《预算法》修正案，为中国地方政府债务制度确立了法律基础。建立健全地方政府债券制度、推广运用政府与社会资本合作模式，以及稳妥化解地方融资平台存量债务，成为当前及未来一段时期最主要的三项任务。

1. 地方政府债券制度

过去十余年间，关于是否允许地方政府发行政府债券，成为《预算法》修订中必须面对的关键难题。具体来看，难点有三：一是如何以较低的成本、便捷的方式满足工业化和城镇化加速发展阶段对大量基础设施建设资金的投入需求；二是如何在深化分税制财税体制改革的过程中建立事权和支出责任相适应的制度；三是如何充分调动地方政府发展经济的积极性同时又能有效抑制其过度投资的冲动和热情。概言之，绝对不能孤立、狭隘地看待当前中国出现的地方政府债务问题。

与通过融资平台主要向银行借款的办法相比，地方政府通过金融市场发行政府债券融资更加科学和规范。一是行政约束强化，市场发债需要国务院、省政府的核批，市县政府的自由裁量权受到严格约束。二是市场约束强化，市场发债面对社会公众，若地方不履行相关管理及偿还责任，将引发市场动荡、信任危机乃至社会危机，这将倒逼地方政府谨慎发债、科学用债和及时还债。三是预算约束强化，市场发债筹集的资金实施严格的政府预算管理，需要按照中央和省政府的要求披露相关信息，有助于保障债券资金的安全性、规范性和有效性。

2014 年《预算法》修正案允许地方政府有条件地发行政府债券。经国务院批准，省、自治区、直辖市政府可以适度举借债务，市县级政府确需举借债务的由省、自治区、直辖市政府代为举借。以省级政府为发债主体，是审慎财政理念的具体体现。之所以这样做，是因为目前不具备条件同时允许 333 个地市、2852 个县成为地方债发行主体。

自 2009 年以来，经过三次改革试点，中央政府的角色由"围堵"变为"疏导"，地方政府逐步成为"显性的、真正的债务人"，上海、广东、浙江、深圳、江苏、山东等省市已经实现自主发债，都是以省为发债主体，市县政府通过省政府发债融资，并且在实践中积累了一定的管理经验。这一做法的优点是可以有效发挥省政府的债务管理职能，统筹考虑省市县地方债务管理及资金运用，实现行政、财政双重控制，与市场力量形成合力，有效约束市县债务规模不超出合理的边界。

由中央政府控制发债规模，举债权是省级政府，用钱的是市县乡等基层政府，可能出现的局面是"两级跑部"：一是省政府到北京跑发债规模；二是市县政府到省会城市找财政厅要发债规模。至于"两级跑部"问题，同"跑部钱进"具有完全不同的性质，实质是健全地方政府债券发行与管理制度的客观需要，也是大多数国家的通行做法。反过来看，如果市县政府发生债务危机，省政府肯定逃脱不了"第一救助人"的责任，中央政府无疑也要履行"最后兜底人"的使命。

为保障经济稳定与财政安全，任何一个国家的中央政府都不允许其地方政府不受限制地随意发行债券。年度限额管理、债务预算管理、财务信息披露等制度，可以确保地方政府债务处于安全边界之内。此外，现行分税制财政体制决定了中央对地方的控制力和调控力都非常强大，加之中国政府预算制度日趋科学规范，赋予了中央控制地方财政更多的工具和选择。

建立科学、规范的地方债制度，是适应中国工业化、城镇化及实现"中国梦"的必然选择。经济社会发展相当于一个人到了快速发育成长阶段，到了求学提升能力的关键时期。不负债，将错失或耽搁发展机遇。可以想见，如果没有以预期收费为担保的相关债务，将不会建立今天便利、快捷的高速公路、高铁等交通体系；如果没有以土地收益为担保的相关债务，将不会拥有标准、高效的现代厂房、服务设施等制造业基础。

在新中国建立以后的第一个 30 年里，我们看似没有地方政府债务，实则是全民负债时代。国家集中一切可以调用的资源资金资产，通过财政、金融等通道，注入各类发展项目之中，奠定了民族自立、国家自强的工业化城镇化基础。无论是计划经济年代，还是市场经济年代，地方政府都是国民经济发展的重要责任主体。地方债的源头是地方经济社会发展。如果没有发展重任，谁也不会去主动负债。

通过修订《预算法》允许地方政府有条件地发行地方政府债券，只是中国地方政府债务管理制度迈向法治化、科学化、现代化征程的第一步。是否能够制约住地方政府举债的行为及其规模，关键在于能否真正做到"有法必依、执法必严、违法必究"。这意味着我们还需要从行政、经济、财税等领域改革入手，统筹兼顾，为地方政府债务管理与运行提供完善的法律制度保障。

2. 政府与社会资本合作模式

2014 年国务院发布《关于加强地方政府性债务管理的意见》，鼓励社会资本通过特许经营等方式参与城市基础设施等有一定收益的公益性事业投资和运营，政府通过特许经营权、合理定价、财政补贴等事先公开的收益约定规则，使投资者有长期稳定的收益。投资者可以按照市场化的原则出资，按照约定的规则独自或是与政府共同成立特别目的公司，建设和运营合作项目。推广与运用政府与社会资本合作模式（PPP），成为地方政府债务融资的第二个规范化的渠道。

适宜采用政府与社会资本合作模式的项目，具有价格调整机制相对灵活、市场化程度相对较高、投资规模相对较大、需求长期稳定等特点。例如，城市供水、供暖、供气、污水和垃圾处理、保障性安居工程、地下综合管廊、轨道交通、医疗和养老服务设施等，都可以采取 PPP 模式。在中国，PPP 模式并不是一个新事物，早在 20 世纪 90 年代初就开始实施，目前已有二十多年的历史。据不完全统计，1990~2011 年，共有 1018 个项目采用 PPP 模式，特别是在十六届三中全会提出公用事业引入民营资本的决定之后，PPP 模式在交通运输（占 43%）、能源（占 37%）、通信（占 12%）、水务和污水处理（占 8%）等领域得到广泛运用和快速发展。

现在重提 PPP 模式具有多重理论价值及现实意义。客观地讲，PPP 模式不是简单的融资，而是涵盖融资、投资、管理、运营等广泛的内容。推广运用 PPP 模式，有利于增加资金来源渠道、化解地方政府存量债务、提高管理质量和效率、促进城镇化健康快速发展，也是切实落实"使市场在资源配置中起决定性作用"改革精神的必然要求，还可以使政府集中更多的资金资源用于提供更加充分的公共服务，"更好地发挥政府作用"，形成"一加一大于二"的合作机制。

现实中，大力推行 PPP 模式，也面临着诸多考验。例如，如何达到利益共享、风险分担目标，坚持公共利益最大化原则，形成有效激励约束机制，确保 PPP 项目社会效益和经济效益都有所提高；如何形成科学的定价机制，实现项目利益分配"盈利但不暴利"；如何消除 PPP 模式的法律、政策层面的障碍，制定规范性标准，设立专职管理机构。具体讲，推广运用 PPP 模式，必须深刻认识与有效解决现实中可能发生的"三个可怕"。

第一个可怕来自于政府。泉州刺桐大桥是我国本土民营资本进入 PPP 机制创新领域的首个路桥项目，由社会资本与政府按 60:40 的出资比例组建项目公司投资建设，1997 年 1 月 1 日投入运营。17 年来，由于一系列主客观因素的局限，刺桐大桥项目在

30 年特许经营期内受到了多种不确定性的冲击。[①]

大桥建成通车之后短短几年时间，晋江上面的大桥就从原来的 2 座增加到了 8 座（其他 7 座陆续取消收费），由于车辆分流给业主公司带来不小的利益分割；大桥的广告经营权、配套服务设施经营权申请始终没有获得地方政府的批复和回应；地方政府强行施加的建设增项，使业主公司增加了相当规模的额外负担；业主公司与地方政府就车辆通行收费标准没有形成合理的调整机制；国家政策法规变动导致的风险由业主公司独自承担。

上述几类不确定性风险源自于政府，事实上损害了社会资本的应得利益。其实，政府愿意引进社会资本，社会资本愿意与政府合作吗？如果企业害怕政府的不确定性，它是不敢进入的。解决这个问题只有一个方法，那就是要有规范、成熟的特许经营法律体系。

第二个可怕来自于市场。北京市 4 号线地铁是中国第一个中外合作特许经营城市轨道交通项目。中国香港地铁公司出资 49%，首都创业出资 49%，北京市基础设施投资公司出资 2%，三方组建京港地铁公司，承建 46 亿元的机电设备投资，并负责全线的运营管理、设施维护和除洞体以外的资产更新（运营期内预计需要投入 100 亿元）。

如何确定地铁收费标准、财政补贴额度，成为双方协商的核心问题。科学的定价，建立在未来客流量的准确预测基础之上。京港地铁公司委托国际知名的客流顾问公司对 4 号线的收入和客流进行预测，结果是 2012 年 2.42 亿人次，2017 年 2.77 亿人次，2032 年 3.27 亿人次。参考这一预测结果，综合其他因素，北京

---

① 宋金波、宋丹荣、王东波：《泉州刺桐大桥 BOT 项目的运营风险》，载于《管理研究与评价》2009 年第 3 期。

市交通委与京港地铁公司于 2006 年 4 月签订了特许经营协议。

如果预测的结果不靠谱，将会导致 PPP 协议定价的不合理。事实表明，2012 年的客流量就达到了 3.51 亿人次，提前 20 年突破预测值，而京港地铁 2011 年已经盈利，赚了 2.4 个亿。[①] 实践中，PPP 项目的科学定价是一个世界级难题，源自市场的"阴谋"或信息不对称极有可能给政府带来相当大的损伤。

第三个可怕来自于政府与市场的恶意合作。2003 年，翔鹰集团董事长刘迎霞出资 1.2 亿人民币收购齐齐哈尔市自来水公司 68% 的股份。翔鹰入主后，不少市民发现家中自来水"发黄、发黑，把洗衣机的白管子都给染黑了"。据媒体调查称，翔鹰集团将地下水改为采用地表水，并涉嫌篡改水质检测报告。此后，虽有官方检测辟谣，但公众仍对"齐黄水"数次抗议乃至上访。2009 年，翔鹰集团率先响应国内城市水价上涨风潮，把居民用基本水价从每吨 3.7 元上调到每吨 4.2 元，超过当时的北京、上海，一举成为全国最贵。

2011 年，翔鹰集团持有的齐齐哈尔市自来水公司的股份被中国水务投资公司收购，在齐齐哈尔当地人眼里，是"政府被逼无奈又给买回去了"，刘迎霞在这次交易中"大赚一笔"，自来水厂成为"最美政协委员"的"提款机"。[②] 如果 PPP 项目发生这样的事情，那就是政府与市场合谋之下的腐败。防范这种可能出现的结果，需要从法律、制度、体制层面予以解决。

任何事物的发展都不是一条直线，PPP 模式的中国之路也必定是机遇与风险并存。有效消除 PPP 模式中的"三个可怕"，需

---

① 贾康、孙洁：《公私合作伙伴关系理论与实践》，经济科学出版社 2014 年版，第 117 ~ 122 页。

② 胡涵、罗婷：《"最美政协委员"刘迎霞起底：走上层路线发家》，载于《新京报》2014 年 3 月 2 日。

要我们推动"土地财政"转向"税收财政"和"预算国家",才能引领我们走向新的成功。

3. 地方融资平台债务的预算化管理

《预算法》是国家的"经济宪法",2014 年修法后面对的首要问题是,在规范管理新增债务的同时,务必妥善处理和化解存量债务。这就决定了当前普遍存在的地方政府各类融资平台要么被关掉,要么剥离政府融资职能,切断与公共财政的资金联系,转制成为自负盈亏、自主经营的市场化企业实体,依赖自营收入,实现可持续发展。与其对应的存量债务,需要通过发行地方政府债券等规范渠道"借新还旧",或通过 PPP 模式,推动债务重组和有序化解。

上述两个渠道确实是化解地方政府融资平台存量债务的规范化方案。问题是地方政府债券发行规模受中央和省两级政府的行政制约,核批后的发债规模不一定能够满足市县政府存量债务化解的资金需求。而推广运用 PPP 模式,需要相应项目必须有一定的收益率,否则难以吸引社会资本进入。实际上,地方政府融资平台存量债务中只有很小一部分项目可以形成一定的收益,绝大多数的存量债务都是纯公益性项目,不具备开展 PPP 模式的可能性。换句话说,现行法律、制度赋予的两个化解地方平台存量债务的办法,无法满足地方政府的真实需要。

按照中央相关文件要求,各级地方政府在分类甄别存量债务的基础上,将全部地方存量债务纳入全口径政府预算管理。由于这些存量债务都是在过去没有法律依据背景下,通过变相借债、曲线融资等渠道形成的,信息不够公开透明,管理不完善不规范,超过地方偿债能力去背负债务、谋求政绩的做法非常普遍,市县等基层政府不敢或不愿将真实信息上报省级和中央政府。如果不能尽快寻找到稳妥化解大量纯公益性地方平台存量债务的途径，由此可能在信息不对称的基础上引发局部地区的政府债务危机。

如何解决这个问题，有人提出，可以由中央政府增发国债替代地方融资平台存量债务，可以一劳永逸地解决问题和消除潜在风险，但却不是一个好建议。打个比方说，一个人在婴儿时期，母亲通常会把饭菜嚼烂后再喂给他，因为婴儿缺乏咀嚼能力，待自身机能健全后，就不再需要这种喂食方式了。2009年以来，中国先后推行中央代发、自行发债、自发自还等改革，都是试图建立规范的地方债制度。无论遭遇何种困难，我们都没有理由退回地方债的"婴儿时代"。只有地方政府自身承担自己的责任，才能促使它顺利、健康的成长与发展。

历史经验告诉我们，不少国家都曾发生过地方债务危机，事实上只有破产的管理阶层，没有破产的地方政府。所谓地方政府破产，是指其资不抵债。所有地方政府资不抵债的根源，都不是因为管理层缺少智慧，而是因为心存侥幸，不遵循债务管理的客观规律，最终招致了规律的惩罚。在人类社会的发展长河里，地方债务危机都是暂时的。通过省级政府或中央政府代管，稳妥推行债务重组，最终都可以走出危机。在此过程中，犯了过错的地方政府各相关机构及其领导干部，必须受到法律的严惩，以使后人牢记失败的教训，不断健全相关规章制度。

一旦地方出现债务危机，需要中央施以援手，并非都是鼓励地方政府赖账。20世纪80年代以来，巴西先后经历三次大规模的地方政府债务危机，每一次都是由中央承担全部或部分债务成本，帮助地方渡过危机。饱尝三次债务危机苦果之后，巴西政府痛定思痛，于1998年推出旨在全面加强地方政府债务管理的"财政稳定计划"。2000年5月，巴西颁布《财政责任法》，确立公共财政规则，控制债务规模，提高透明度，强化财政及债务责任，严格惩罚措施。此后，巴西地方债务管理大为改观，财政盈余及其占国内生产总值的比例得到明显改善。事实表明，地方政府赖不赖账，取决于一国政府债务管理体制机制是否科学完善。无论是发达国家，还是发展中国家，都可以为我们提供很多有价值的成功经验及惨痛的失败教训，只要认真学、努力做，就可以治愈"地方政府赖账"之病。

科学的地方政府债务管理制度，要求建立省、市、县三级政府债务联动体系，做好下面"三个一"："一块板""一条线""一张表"。"一块板"是地方政府债务规模的"天花板"；"一条线"是地方政府债务风险的预警线；"一张表"是地方政府债务预算表。2014 年《预算法》修正案规定所有政府债务分类纳入一般公共预算、政府性基金预算、国有资本经营预算和社会保险基金预算，虽然没有明确规定编制一本完整的债务预算，但从管理角度看，应该编一本完整的政府债务预算，这是风险控制的最好途径。

谈到政府债务风险控制，人们往往会想到赤字率、债务率等指标，最常见的是以欧洲 1992 年 2 月 1 日制定的《马斯特里赫特条约》规定赤字率 3%、债务率 60% 作为参考标准，以此来判断一个国家或地区的财政状况。但这一标准自诞生以来直到 2010 年欧洲主权债务危机爆发之前，就一直倍受争议，有些学者甚至认为这一标准是幼稚无知。

从当今各国的实际情况看，赤字率超过 3% 的国家并不少见，债务率超过 60% 的国家也屡见不鲜。2008 年，美国中央情报局《世界概况》对 126 个国家的债务估计表明，有 24 个国家债务率超过 60%。其中，美国已逼近 90% 大关，日本达到 170% 以上，意大利则在近 20 年来一直都在 100% 以上。然而，美国至今安坐唯一世界超级大国的交椅，日本仍然安然无恙。但是，意大利在

2010 年终于"摊上大事"了，欧洲很多国家相继陷入主权债务危机之中，至今未能走出来。明天会发生什么？美国或日本会一直太平下去吗？没有哪个人可以保证他们在未来的某一天不会出事！

　　人们往往相信"事实胜于雄辩"。自 1990～2010 年，意大利政府债务率一直畸高不下，不也一直太平无事嘛！在事实面前，理论显得非常苍白无力。2010 年 9 月下旬，我去意大利出访，上午 9：00 我们考察团一行进入意大利教育部，座谈会约于 11：30 结束。当我们要离开教育部时，意大利的代表说："教育部正门已被群众围堵无法通行，只好请你们从后面的小门离开了"。我们从后门出来后绕行到教育部正门，看到了愤怒的"上访"人群，他们在抗议意大利政府"提高教育收费标准，减少教育补贴额度"的财政紧缩政策。而这一切的根源，都是因为长久的高负债风险终于在经济景气的波谷中酝酿成为政府债务危机。

　　在使用得当的情况下，政府债务可以助推经济社会发展。否则，极有可能成为破坏经济社会发展的重要力量。"无债一身轻"的政策，也未必就是好政策，因为这样做极有可能错失发展的良机。短时的高负债发展政策，不一定必然导致债务危机，在经济上行快速增长的发展阶段，短时适度负债是有一定的可行性和积极意义的，一旦经济下行趋势确立，没准就会爆发债务危机。一个国家或地区的政府债务政策如何决策，取决于这个国家或地区所处的经济发展阶段及其发展态势。但是，任何时候、任何地区的政府债务决策，都不能背离经济学常识，不能违背债务管理规律。否则，迟早会受到惩罚！

第五章 理财良知与财政善治

2013 年 11 月 26 日上午，习近平同志来到山东省曲阜市调研，参观了孔府和孔子研究院。在看到《孔子家语通解》《论语诠解》两本书后，他拿起来翻阅，说："这两本书我要仔细看看。"近代以来，儒家文化一直是被打倒、被批判的对象。为什么习近平同志要去曲阜而且还要读孔子的著作？国家最高领导人的言行在释放什么信号？我坚信，如果现代工业、城市文明不与优秀的传统文化相融合，我们永远都不可能实现民族复兴的"中国梦"。一个抛弃了自己历史的民族，也一定会被历史所抛弃！无论是国家治理，抑或政府理财，文化与良知都必不可少，这是实现善治的基础与前提。

一、文化视角的历史反思

党的十八大报告专门有一章讲文化，其中提出"要建设优秀传统文化的传承体系，弘扬中华优秀传统文化""树立高度的文化自觉与文化自信"。我认为，当前已是重建中国文化的难得的历史时机。

1. 撒切尔夫人的评价

20 世纪 80 年代，中国的改革开放新思路引起全世界的关注。撒切尔夫人[①]就任英国首相期间，曾有一位记者在采访她时问了一个问题："中国走向了改革开放，越来越强大，你怎么评价？"撒切尔夫人回答道："中国这个国家不可怕，即便强大起来以后也不可怕，因为中国人只知道出口衣服、鞋袜等普通商品，不懂得出口文化"。[②]

大家读到这段话，不知你有何感受？感觉舒服不舒服？英国人瞧不起中国人，近代第一个侵略我们的就是英国人，如果他瞧得起你，还敢欺负你吗?! 2012 年伦敦奥运会上，仍然有一些别有用心的英国记者试图出中国人的丑。为什么瞧不起？因为没文化！我们五千年文明，他们认为我们没文化！

撒切尔夫人的这段话，深深地刺痛了一个北京小伙子的心，这个小伙子当年在中央人民广播电台从事媒体工作，也正因为从事媒体工作，他听到了撒切尔夫人的这段话，深受刺激。深到什么程度？不能正常地工作下去，不能平静地生活下去。最终，他辞掉了自己的工作，八年后到了中国香港，创办了自己的文化企业，现在已经成为享誉全世界的文化企业。2012 年夏天，十几个

---

① 玛格丽特·希尔达·撒切尔（1925～2013），英国政治家，至今唯一一位女性英国首相（1979～1990 年，三度连任）。作为英国现代史上最重要的政治人物之一，撒切尔被誉为铁娘子。2013 年 4 月 8 日，撒切尔夫人逝世，享年 87 岁。

② 类似的观点于 2006 年再次被传递到中国。《凤凰周刊》（2006 年第 16 期）刊登了英国前首相撒切尔夫人提出的一个观点：中国成不了超级大国。"因为中国没有那种可以用来推进自己权力，进而削弱西方国家的'传染性学说'。今天中国出口的是电视机，而不是思想观念。"此论与 20 年前的言论如出一辙引起不小的争议与讨论，甚至有不少人去考证撒切尔夫人是否真的讲过此话。笔者无意于争论，无论是不是撒切尔夫人说过的话，都对我们反思历史、正视现实有极大的益处。

香港人去钓鱼岛宣示主权，有两个随行的记者就是他派出的。这个人就是凤凰卫视的创始人刘长乐。

刘长乐在他的文章里面回忆起自己的人生，本来在中央人民广播电台过着平静的日子，一个偶然的机缘却改变了他整个人生的轨迹。然而，很多中国人的心态都比较好，只有一个刘长乐受到了刺激，绝大多数人都没有受到任何影响。你爱说啥说啥，我该怎么活就怎么活。

撒切尔夫人的这种观点，不仅仅代表着她个人，一定程度上代表着一个社会。2014年10月，克里斯托弗·弗雷林在他的新著《黄祸》一书中进行了大量研究，指出从19世纪开始，英国公众对中国的态度，已经从过去的惊奇景仰，转变为居高临下的惊叹，到了19世纪末，发展成为公然的轻蔑鄙视①。

在19世纪之前，英国人对中国的认识，来自于中国出口的瓷器、茶叶等，这些都是精致而奇异的东西，受到热烈欢迎。但是，他们对中国人的认识非常有限，多半来自于马可波罗游记的再诠释，加上在中国的西方传教士、商人的书信和回忆录等。在他们的眼中，中国人要么极其贫困、蒙昧、野蛮、勤劳，要么极其高雅、奢侈、深不可测。

自从东印度公司向中国大量输出鸦片，特别是鸦片战争之后，英国公众对中国人的看法变成了野蛮、肮脏、猥琐却同时可能身怀绝技、暗藏杀机。实际上，拿破仑所谓中国是"沉睡的巨人"的说法在欧洲几乎无人不知。怀着对中国人深深的矛盾和偏见，英国人以及他的帝国一步一步走向衰败与没落，成为今天当之无愧的二流国家。2006年1月25日，英国国家统计局公布2005年GDP总值约为2.03万亿美元，低于中国的2.23万亿美

---

① 吕品：《"黄祸"阴谋的形成》，载于《经济观察报·书评》2014年12月。

元，英国被中国正式超越。

客观地讲，撒切尔夫人的这段话为我们认识"落后挨打"的中国近代史，认识如何实现"中国梦"，提供了一个新的视角，这个视角就是文化。

2. 近代史的文化反思

重建中国文化，是当代中国承担的重要历史使命之一。鸦片战争以后，我们被外国侵略，一直在抗争中寻找民族的出路。经过反复思考，最后得出结论，是我们的技术、制度和文化太落后了。所以，洋务运动提出"中学为体，西学为用"，开始学习西方的技术；甲午战败后，开始师法日本，学习西方的制度；到"新文化运动"的时候，干脆打倒"孔家店"，开始抛弃传统文化。

此后，我们学习马克思主义走上了武装革命的道路，新中国成立后学苏联，改革开放后学美国，学了几十年、近百年，学来学去，不知道自己的文化在哪里？不知道怎么去做自己？梦想有用吗？这个问题，不仅在文化建设层面存在，在财政工作中也存在，在每个人的工作生活中同样存在。

理查德·尼克松在《1999：不战而胜》一书中写道："当有一天，中国的年轻人已经不再相信他们老祖先的教导和他们的传统文化，我们美国人就不战而胜了……"① 读到这句话，我的耳边响起了国歌的声音，"中华民族到了最危险的时候"！

2011 年 1 月 15 日，高 7.9 米、重 17 吨的孔子塑像出现在北

---

① 理查德·尼克松是美国极具战略眼光的政治家，他听从了戴高乐的建议："美国不应该让中国怒气冲冲的陷于孤立""最好趁早承认中国，不要等中国强大了使你不得不承认它"，最终成功推动中美两国的和解与建交。尼克松对中国独特视角的认识与解读，详细记录在他的文集《1999：不战而胜》（杨鲁军等译，世界知识出版社 1997 年版）。

京天安门东侧长安街边上。然而，孔子像落成不足百天，即于4月20日夜里像被悄悄迁入国家博物馆雕塑园内。实际上，已经去世两千多年的孔夫子从未真正地"离开过"。无论是被他同时代思想家们贬损，还是后来因政治需要被圣化或丑化，甚至被打倒，孔子的思想始终深深作用于中国不同历史时期的政治、经济、文化的各个层面，呈现出巨大的民族凝聚力。

佛教产生于公元前6～5世纪的古印度，释迦祖师去世前即明确预言，佛教文化将于千年之后兴盛于中国。公历纪元前后，佛教开始由印度传入中国，梁武帝时期达摩初祖东渡中国，五传至六祖，经由一字不识的慧能大师，实现了佛教文化的中国化，并通过中国传向世界。在印度，大约公元八九世纪以后，由于内部派系的纷争及外族频繁的入侵，特别是伊斯兰教徒的武力征服，佛教开始衰微，到13世纪初趋于消亡。

佛教文化为什么能在中国兴盛发展？根本原因就在于儒家文化为佛教文化的"生根"、"发芽"与"成长"奠定了良好的基础。说到底，中国自生的儒家文化是关于如何做人的系统思考。也正是因为长期受儒家文化的熏陶，中国人从心理上容易对佛教产生了强烈的认同感与理解力。可以说，中国人实在是太幸运了，老祖先有大智慧，洞察了人生社会宇宙的真相，早早地把我们带进漫天流光溢彩的"白昼"。假若天不生仲尼，中国千年如暗夜。

当然，幸运之外也有不幸。二千多年来，儒家文化在传承与发展的过程中发生了教条化、政治化的变异，一变于汉，二变于宋，三变于清，其本有教义被严重扭曲。说实在的，中国近代落后挨打的责任不应该推卸到儒家文化的创始人身上，而在于后人不争气，没有把老祖先的学问真正学到家。古诗曰："达摩西来一字无，全凭心地用功夫。若在纸上求妙法，笔尖蘸干洞庭湖。"

可见，学习的精髓就是四个字，"实事求是"。可是，真正做到这四个字，难啊！

我曾在城市的街道上行走，目睹到一位老者被一个莽撞的青年无端地责骂和殴打。之后，打人者悻悻地逃掉了。老者颤巍巍地站起来，满脸凄楚。他喃喃道：为什么打我？为什么打我？是我的技术不如人吗？是我的路走错了吗？是我的文化水平低吗？我劝他道：都不是，人有时候还被狗咬一口，难道你也要与狗比技术、比路线、比文化吗？一个人难免会遇到讲不通道理的时候，这时，你的手中如果有一根打狗棒或其他自卫的武器，就不会被人欺负了。此理可以喻人，也可以喻国。

换个角度看，近代三百多年以来的西方文明绝非完美无缺，反而面临着深深的危机。西方国家的有识之士也在放眼东方，希冀借东方文明的优秀元素为西方注入新的活力。东西方文明的交融，才能给这个世界带来新的生机和希望。如何将现代文明与传统文明、西方文化与东方文化、马克思主义与中国实际有机融合起来，是 1840 年以来中国近现代发展史上的一项未竟之事业。

3. 走向文化自觉与自信

我每天都坚持读书看报，特别留意人世间的万象百态，并且坚持把阅读过的信息整理归类后保存。时间久了，渐渐积累下成千上万的各类案例，让我从中体悟到种种命与运、苦与难、贪与腐、刑与罪、性与情、生与死、善与恶。我们每一个人无不热烈地欢迎幸运的到来，又无不本能地抗拒灾祸的降临。可是，幸运之外总有驱不走的灾祸，得意之外总有数不清的失意，热闹之外总有道不尽的凄凉。问题的原因究竟出在哪里？

2010 年 10 月，我乘火车回北京，在进入候车室前需要排队等待安全检查，我把行李放在检测仪器的传送带上，随着人流一点一点向前挪动。在我身后是一位中年妇女，她把行李放上传送带，马上从我身旁硬挤过去，并快速挤过所有人，走到传送带的最前端，然后神情焦急地等待着自己的行李快点出来。人是可以不排队挤到前面去的，但行李不会。她只能在我取走行李后才能拿上自己的包裹。很不幸，在这位中年妇女的心中，只有自己，其他的所有人都被忽略掉了。

2010年9月，我在罗马参加一个国际会议，在中国驻意大利使馆同志的引导下横穿马路。使馆同志说："在罗马，不论过马路的行人是否闯红灯、是否走斑马线，机动车司机都会减速或停车避让，但实际上很少有行人闯红灯，很少有行人不走斑马线。"与我们国内醉驾、飙车、抢行等引发的各种交通事故相比，这里显得更安静、更有秩序。

2009年8月，我在北京见到久未谋面的一位好朋友，他刚刚被提拔为副厅级领导，单位为他选配了一名秘书。我们一起吃了顿晚饭，临别前我表扬他的秘书很聪明，很能干。他悄悄对我说："秘书的学历挺高，能力不错，就是家教不太够，与我的期望有一定的距离。单位开会时，他跷着二郎腿，坐在我的附近。我去见省长时，可是从来不跷二郎腿的。"学历高、能力强是一种美，但遮不住缺乏家教带来的丑。

2010年3月，我们去广州向一位老领导汇报工作，他在1980～1993年任部长，后任国务委员、全国人大常委副委员长。汇报结束时，老领导夸赞我们做得不错，然后与我握手道别。我起身握住老领导的手，突然感到老领导的手很用力，借助我的手的力量站了起来。老领导年近90，腿脚不好，无人帮助的情况下，自己很难站立。我马上搀扶住他说："您就坐着休息，不要动了。"这时，老领导说："我一定要站起来，目送你们离开"。应该说，一个动作、一句话都是小节，却折射出高尚人格的伟大魅力。

现实中，我们有太多的人在获得知识、学历、财富、权势的同时，忘记了如何站立行走，如何吃饭说话，如何待人接物，如何学习生活，分不清什么是真，什么是假？什么是黑，什么是白？什么是美，什么是丑？什么是轻，什么是重？什么是是，什么是非？什么是私，什么是公？什么是末，什么是本？不懂得灾祸降临的原因，并非远在天边，而是近在身前，不知道幸运垂青的原因，不在外人，而在自己，最后落了个"一片白云横谷口，几多归鸟尽迷巢"的悲剧，可怜啊！

2004 年 9 月 15 日，党的十六届四中全会提出建设社会主义和谐社会与推动建设和谐世界的光荣任务。2006 年 3 月 4 日，胡锦涛同志在全国政协民盟民进联组会上提出："要引导广大干部群众，特别是青少年树立'八荣八耻'的社会主义荣辱观"。2009 年 5 月 13 日，习近平同志在中央党校提出："领导干部要爱读书读好书善读书"，特别是"要通过研读优秀传统文化书籍，吸收前人在修身处事、治国理政等方面的智慧和经验"。我认为，每一个人都应该读读我们流传数千年的文化典籍，其中蕴涵着做人、做事、做官、做学问的大智慧，对于响应党和国家的号召，对于"知廉耻、明是非、懂荣辱、辨善恶，健人格、化危机、增和谐"具有重要意义。

一粒沙中有宇宙，一人身中有民族。中华民族虽然经历了重重的磨难，也创造了灿烂的文化。她就像一颗几千年的古树，因为枯枝败叶太多，腐败都摆在外面，谁都能看到，在近代遭到外国列强的欺辱。为什么我们又能把外国入侵者赶走，建立新中国？因为我们的根扎得很深，多大的风雨都吹不倒她。天下兴亡，匹夫有责。和谐社会从哪里来？幸福家庭从哪里来？成功人生从哪里来？历史告诉我们，从一人一身中来，从一念一行中来，从文化自觉与自信中来。不在明天，而在当下。

二、弘扬有良知的理财文化

政府理财，要不要文化？法律能解决所有问题吗？制度万能吗？现代化的信息技术一定能够带来善治或良治吗？历史告诉我们，如果没有先进的文化做支撑，法律、制度、技术所能发挥的威力一定会大打折扣。

1. 理财文化的意义

2011年6月25日，有一位网友拍摄到一辆苏A00064的公车在加油站加完油，一掉"屁股"，谁也不回避，把油抽出来，免费提供给他的亲属，或者卖给他的朋友。这张照片在网上发布后，引起全社会的关注。随后，相关主管部门对这辆车的司机进行了处分，并采取措施以避免类似行为的发生。公车管理的漏洞，没有被拍下来的，应该更多。我们怎么管公车？公车经费能不能控制住啊？

长期以来，我一直跟踪研究公车改革与职务消费。有一天，我在北京参加一个研讨会，和另外一位年轻的同事去的，开完会以后，我们乘出租车回单位继续上班。在车上，我们两人仍然在讨论如何管公车，如何管公车司机？我们聊着聊着，出租车司机说话了。

出租车司机说："你们俩年龄不大，还想管我们？"

我马上意识到这个出租车司机开过公车，我问他，"师傅，你是不是开过公车？"

他说："我开过很长时间的公车，你们聊的这些东西我非常熟悉。"

我问他："你为什么不开公车改开出租车？"

他说："受伤了。"

我说："谁伤害你啦?"

他说："单位领导深深地伤害了我。"

我说："领导怎么伤害的你?"

他说："领导不信任我,加油都不让我加。"别人加完油,再把车给他,他认为自己受到了最大的伤害。心灵受伤了!

他说："你以为不让我加油,就没有漏洞可钻?你总要把车给我吧,你给了我车,我开到人少的地方,油怎么进去,我怎么整出来。"

我问这位出租车师傅:"这种事你干过没有?"

这个师傅有点腼腆,因为毕竟不是好事,但又很诚实,彼此陌生,他没有回避我,说:"只干过一次"。

然后呢?他辞掉了公职,改开出租车,直到我认识他的那一天。

我想问大家的问题是,谁不让他干第二次了?谁能够阻止他干第二次?是我们的《宪法》?还是《预算法》?还是各单位的财务规定?或是单位领导的能力、魅力、手腕?我发现都不是!是他自己的良知告诉他,这种事不能再干第二次了。

从此以后,我坚定了一个信念,从文化的视角反思与研究财政工作。今天,我们最缺乏的是理财的文化与良知。

2. 政府理财的良知

能不能用简单的几个字把理财良知概括出来?很长时间里,我找不到合适的答案。在教育孩子的时候,我受到了启发。我向儿子提出一些要求,我发现他有些可以做到,有些做不到,有些干脆不听,有选择地去听你的话,尤其是我希望他做到他没有做到的那些方面,我每每看到、想到,心情就很沉重。

这时,我非常怀念我父亲,我小的时候可能也像我儿子今天这样对待我的父亲。父亲向我提出来的要求,我也可能没有全做到。这时，我才真正体会当年父亲教育我的心情。我相信，我向孩子提出来的每一项要求，都是为他好，而不是去坑他、害他。我也相信，我的父亲向我提出的每一项要求都是希望我过上幸福美好的生活。由此，我得出最重要的一条原则：我信我的祖先！我相信我的祖先留给我的话、留给我的书、留给我的文化绝对不会坑我、害我！

中国五千年文明，留下三家文化、六个字，儒家讲仁义、道家讲道德、佛家讲因果。"仁"，是孔子提出来的。老祖先造字的时候，就把这个字的本意告诉大家了，"人"字旁一个"二"，它告诉你这个世界不是你一个人的，两个人，有你，还有别人。爱自己，小狗、小猫都可以做到。只有做到爱别人，你才有资格成为儒家文化的代表。"义"，是孟子提出来的。孟子用三句话解释"义"这一个字，叫"富贵不能淫，威武不能屈，贫贱不能移"。用现在的话讲，有钱会花，没钱能过；有权力会用，没有权力一样可以为社会、为别人做自己的贡献。现在很多人做不到"义"这个字。没钱，去偷去抢；有钱，吸毒嫖娼；没权力，不择手段去获得；有权力，好事不会做，坏事做一筐。

前些年，有一位副厅级领导被抓入狱，办案人员查抄了他的办公室，读了他的日记，才知道他当官奋斗的目标是"睡"一千个女同志。截至被抓入狱，他"睡"了三百多个，还没有完成奋斗目标的40%，就把自己"睡"没了。他只知道"睡觉"，不知道"睡觉"的后果。其实，这是败家和坑害自己子孙最快的方式。他的这种行为影响，三百年后都不能被洗刷干净。很多人不学老祖先留下来的典籍，不懂得这些道理，无知者无畏，才做出来这样可怕的事情。

道家讲"道"和"德"。"道"是客观规律，万事万物都有规律。我们做任何岗位的工作，都要找到相应的规律，按规律的要求去做，才叫"德"。学习的规律是在接受老师提供的信息同时，马上结合自己的实际，得出自己的结论，才真正学有所获。不尊重规律，不按照规律的要求去做，一定成功不了。道家文化始终在寻找人生社会宇宙的规律和真相。

佛家讲"因果"，现在谁还信因果啊？人死以后去哪里，谁知道啊？趁着没死，该吃的吃、该喝的喝、该玩的玩，只管眼前灯红酒绿，谁管死后洪水滔天。我在农村生活过 18 年，知道一个最浅显的道理，你不往地里撒种子，到了秋天有收获的资格吗？世上没有无因的果，也没有无果的因。每个人都要为自己的一言一行、一举一动付出自己的代价。受罪是自作自受，享福也是自作自受，没有人强迫你，都是自己招来的。

3. 六字箴言的作用

"仁义""道德""因果"六个字，蕴涵着中国文化的精髓。可惜的是，很多世人把它们斥之封建迷信。这六个字，曾国藩①不仅信，而且作为遗嘱留给了他的子孙。他在去世前，考虑留什么给他的后代。留金银财宝，子孙有可能守不住；留诗书，子孙有可能读不进去。最后，他决定留下四句话"慎独则心安，主敬则身强，求仁则人悦，习劳则神钦"，作为遗嘱，要求子孙务必做到。

什么是"慎独"，意思是有人监督你，你不要去做错事或坏事；没人监督你，自己要告诫自己，做到这两个字，心才能安宁。"主敬"，始终要有一颗恭敬心，对人恭敬，对物恭敬，对领导恭敬，对下属恭敬，对桌、椅、纸、笔都要有一颗恭敬心，恭

---

① 曾国藩（1811～1872），中国近代政治家、战略家、理学家、文学家，湘军创立者和统帅，与李鸿章、左宗棠、张之洞并称"晚清四大名臣"，官至两江总督、直隶总督、武英殿大学士，封一等毅勇侯，谥文正。

敬心在，身体不会生病。"求仁"，爱自己，也爱别人，每个人都会喜欢你。"习劳"，把自己的人生幸福建立在自己劳动的基础上，不要建立在别人劳动的基础上，神仙都会钦佩你。

我们每个人的一生都是在写一张资产负债表，人生的资产负债表"资产"这一侧只有一项，就是你自己的劳动所得。有人讲，我除了劳动所得以外，还有很多其他的资产。按照曾国藩的理论，其他的所得只是暂时的资产，永久的负债，早晚要还回去的。如果你懂得了这个道理，就知道什么钱财自己可以守得住，什么钱财是守不住的，还用法律约束吗？还用制度约束吗？还用组织告诫和提醒吗？

我弘扬的这"六个字"，有四个字鲁迅[①]先生曾经批评过，他讲吃人的"仁义道德"。我解释一下，鲁迅先生批评的是假"仁义道德"吃人，我弘扬的是真"仁义道德"，不仅不吃人，还能救人。从 1750 ~ 1950 年，全世界人均 GDP 增长了 160%，发达国家人均 GDP 增长了 479%，中国的人均 GDP 增长只有 4%，我们在近代停滞了整整两个世纪。这期间，多少皇帝，多少王公大臣，多少地方官僚，他们的仁义道德到哪里去了？他们应该为社会、为国家、为民众作出的贡献又体现在哪里呢？

4. 知行合一

弘扬的"仁义、道德、因果"，有很多人心底里不一定支持，甚至是排斥的。也许有人会提出来，我身边就有一些人，口里面讲着仁义道德，背地里却做着禽兽不如的事，你怎么解释啊？

---

① 鲁迅（1881 ~ 1936），中国现代伟大的文学家、思想家和革命家。15 岁时父亲重病，作为长子出入于当铺和药铺之间，16 岁时父亲去世，巨大悲痛和对庸医巨大痛恨之余，鲁迅对治病救人、除人痛苦产生了强烈的渴望。中医是中国传统文化的重要组成部分，名存青史的名医很多，但庸医更多。中医学问深奥，想达到炉火纯青的地步是非常困难的，这也是中国传统文化的固有特色之一。

这样一个问题，确实存在。1980～2011 年，有 100 多名省部级以上领导进监狱。自党的十八大以来两年多的时间，有 60 多名省部级以上高官进监狱。2005～2011 年，全国纪检监察机关立案查办涉及财政部门工作人员案件共 6224 件，党、政、纪处分6475 人①，平均每天 3 个人。大家想一想，每天有 3 名财政干部走进监狱，这是很可怕的一件事。这些人不认识这六个字吗？不懂得其中的道理吗？

实际上，这个问题，在四百多年前，有学生问王阳明②："为何有如此多的人知道孝悌的道理却做出邪恶的事情？"王阳明回答说："未有知而不行者；知而不行，只是未知。""知而不行，只是未知"这八个字，是王阳明心学理论的精髓。你要真正悟透了这八个字，王阳明的其他文章就不用看了。

这八个字很简单，我在很长的时间也没有察觉出其中的深意及其特殊的力量。2008 年，我出过一起小车祸。车祸之后，我对王阳明的这八个字一下子顿悟了。我把这个过程分享给大家，可能你会获得更深刻的理解与认识。

当时，我在山东出差，接到母亲的电话，她希望我能够把她从老家送到 600 里以外我大哥的家里，"想换换环境"。我说："我正好在山东出差，马上找车去接您。"车就要到家，还有 20 里地，发生了 6 车追尾的交通事故。我的车在最前面，由于受到后车的冲力，我的手关节受了一点轻伤，大概一年的时间里都非常疼痛。车祸发生以后，我回到家里，给老母亲说："你还是安

<hr/>

① 中纪委驻财政部纪检组编，《财苑警示录》，全国财政系统案例编选之五，第1 页。

② 王守仁（1472～1529），号阳明，明代著名的思想家、文学家、哲学家和军事家，陆王心学之集大成者，精通儒家、道家、佛家。其学术思想传至日本、朝鲜半岛及东南亚，成就冠绝有明一代。谥文成，故后人又称王文成公。

心在家里吧，接您的车坏在路上了，我以后再找时间送您"。老母亲非常理解，让我回了北京。

回北京没多久，我偶遇了一位出家的僧人。见到他的第一个念头，就是想问问他"为什么前段时间出了一起车祸？"想到就问出来了，没有多想。如果有第二念，可能话出不了口，也就不可能有任何收获。

我说："师父，能否问您一个问题？"

师父说："你问吧！"

我说："前段时间我出了一起小车祸，不知道是什么原因？"

虽然6车追尾，但没有人员伤亡，是非常轻微的一起交通事故。很多人和我一样，遇到了灾祸之后，才开始反思。本来是随意一问，没想到师父回答了6个字，刹那间把我惊呆了。

他说："因为公车私用。"

我问："您怎么知道是公车私用的？"

他说："你不用管我是怎么知道的，我知道自有我的方法。但是，你知不知道公车私用等于用了公家的车，花了公家的钱，办了自己的事情，实际欠了公家的债？你知不知道欠债是要还钱的？你知不知道欠公家的债怎么还啊？假设你此次用了公家1000块钱，你拿着1000块钱，还给谁去？给单位领导，领导敢要吗？给财务，财务按照哪个科目入账？哪个人能把你这笔债销掉啊？"

我无论如何也没有想到，一个简单的"未知"，引来一系列的"未知"，让我哑口无言！我意识到问题的严重性，恭敬地问道："您能否告诉我如何才能销掉欠公家的债？"

他说："只有一个最稳妥的办法，为这家单位做免费的义务劳动。"

劳动是创造价值的唯一源泉。做免费的义务劳动，不难。难的是，你有没有为这家单位做免费义务劳动的机会。如果没有，这笔债就一直挂在自己的名下，时间越长，利息越高。

我们很多人都知道公车私用，但不知道公车私用的背后还有这么多"未知"。如果你真正懂得了这些"未知"，你还敢公车私用吗？自以为知道了，而不去落实，其实是真的不知道。真的知道了，一定会要求自己做到的。

从此以后，直到今天，我办公室的复印纸再也不拿回自己家里了，孩子学习需要签字笔，我一定去商场自己购买。我的办公电话只谈公事，如果聊天，我会换成自己的手机。我是真正知道，公与私要严格分开。在这个世界上，最不应该占的便宜，就是公家的便宜，因为你没有还债的机会。

很显然，不是传统文化不好，而是很多人压根就不知道传统文化的好，更无法真正践行传统文化。老祖先的缺点，我们继承下来了，优点都还回去了，这可以说是近代落后挨打的深层次根源。

在我看来，文化与一个人的财富多寡没有关系，与职务大小没有关系，与学历高低也没有关系。文化的全部内涵，只与自己有关。什么是文化？不是约束别人，而是约束自己。每个人把自己的事管好做好，这个世界就和谐了。如果每一个人都能有这样一种理财良知作支撑，法律、制度、现代化的信息技术所能发挥的威力和作用一定会更大。

从天下为公①，到为人民服务②，时间跨越数千年，却有着相融互通之处。传统与现代，并非必然势不两立。

---

①　"天下为公"，原意是天下是公众的，天子之位，传贤而不传子，后成为一种美好社会的政治理想。语出《礼记·礼运》："大道之行也，天下为公，选贤与能，讲信修睦。"

②　"为人民服务"语出毛泽东在中央警备团追悼张思德会上的演讲，后来成为中国共产党立党宗旨的高度概括语言，是适应时代要求而产生的一种新的道德思想。

良知不是万能的，但没有良知却是万万不能的！

三、财政善治的良知根基

改革开放三十多年来，在经济社会快速发展的同时，"侵占公共资源、损害公众利益的腐败行为，不仅让社会秩序处于崩溃的边缘，也在腐蚀着人心和人性，让越来越多的人丧失道德底线和基本尊严"。① 从本质上讲，腐败的盛行，宣告了财政的失败。若要使财政转败为功，必须为财政善治奠定坚实的良知根基。

1. 由孝致公

孝是中国文化的根，每一个人来到这个世上，都离不开父母的抚养和培育。过去，我对孝的认识非常肤浅。2007 年 5 月 1 日父亲去世，改变了我对孝的理解。

"五一"劳动节的中午，父亲在山东老家洗着衣服，靠在墙上微笑着离开了人世。当时，我在北京。见到父亲的遗容，已是第二天的下午。父亲走后，我非常痛苦。他没有在病床上躺一天，哪怕一分钟，我连尽孝的机会都没有。我在家排行老小，父母有哥哥姐姐的照顾，生活也很幸福。我在北京工作，一直在为事业打拼。

父亲去世后，才发现，哥哥姐姐尽的孝，不能替代自己给父亲的孝。但是，人已经走了，没有机会了。所以，在父亲去世后半年多的时间里，我常常在梦里哭醒。好在母亲还在，她比父亲年龄还大，只能把孝心全部用在了母亲身上。

在我刚刚记事的童年时代，母亲就给我讲过，有算命先生说她有福气，四个孩子都能从农村走出去，尤其是老小会走得比较

---

① 《凤凰周刊》编：《中国贪官录》，中国发展出版社 2011 年版，见周兼明序言。

远，但也有一点不好，就是在她离开人世的时候，我远在天边，不会守在床前。

后来，我从农村走到县城，走到省城，走到京城。父亲去世后，我把母亲接到了北京，那段日子过得很难，母亲常向我念叨："哪一天我离开人世的时候，你也不在我的身边"。这句话深深地触动了我，我当时就默默地许了一个愿："我愿意付出一切的代价，实现母亲的愿望，等她离开这个世界的时候，我就守在她的床前"。能不能实现这个愿望？要靠自己的行动！

实现愿望的方法在哪里？老祖先告诉我，有三个选择，儒家有儒家的方法，佛家有佛家的方法，道家有道家的方法。我个人没有本事，但是我听话，儒、释、道三家的方法，能用的我都用了。能不能实现愿望，就看天意了。假设最后没有能够实现，我也问心无愧了。我是抱着这样的心态，去尽自己对母亲的孝道。

2010 年的 9 月 29 日，我在英国伦敦出国考察，大概是伦敦时间中午 11 点半左右，我接到姐夫的电话，他说母亲病危，随时都有去世的可能。我当时站在异国他乡的大街上，呆住了，眼泪静静地流下来。难道算命先生算的真灵，母亲去世的时候，非要我远在天边。从伦敦飞回北京要 13 个小时，而且不是你想走就能走的，想回家都不一定回得来。

几个小时以后，我又接到电话，说母亲喘过气来了，但是还没有解除危险。10 月 1 日，我从英国回到北京，第一时间乘火车赶到山东老家的医院里，那时候母亲已经基本脱离了危险。我心中非常高兴，过去几年付出的努力，极有可能产生了作用。

2011 年 7 月初，山东老家财政局的领导给我打电话，希望我邀请北京一位专家来山东参加地方财政工作座谈会，并要求我陪同专家一起回来。7 月 8 日上午，我乘高铁陪同北京的专家回到山东老家。我不用参会，直接回家陪母亲去了。晚饭后，我陪同专家返回北京。

4 天后的清晨，我接到大哥的电话，说母亲病危，已经不能说话。我迅速从北京返回山东老家，在医院里，我们兄妹四人轮流值班，陪护母亲。7 月 20 日晚上，我守夜班。21 日早晨 7 点，母亲去世。当时，只有我一个人守在她的床前。

母亲走的时候，我非常伤心，但又很欣慰。伤心的是，每个人都不免一死，这是无人可以抗拒的自然规律。欣慰的是，我发过的愿，母亲的担忧，我通过 4 年的努力改变了。

事后，我才意识到，老天爷真的很慈悲，在母亲去世前 4 天，通过老家财政局领导的电话叫我回去，陪了母亲一天。老祖先讲"精诚所至，金石为开"这八个字，是真的，不是假的。为什么很多人的愿望没有变成现实，其实是不够诚，没有感动苍天，也没有感动自己。

母亲去世后整整 1 个月的时间，领导没有给我安排工作任务。我躺在床上，每天能睡 12 个小时。除了睡觉，就是看书。有一天，我读到一段话："世间所高，莫过山岳；母亲之恩，高于山巅。世间之重，大地为先；母亲之恩，重于大地。母亲的长养之恩弥于普天，怜悯之德广大无比"。古人讲，"于诸世间，何者最富？何者最贫？"答曰："母亲在堂，名之为富；母亲不在，名之为贫。"又曰："母亲在时，名为日中；母亲死后，名为日没。母亲在时，名为月明；母亲亡时，名为暗夜。""是故人等，应孝养父母，勤加修习，报父母恩德。"

读着读着，我泪如涌泉。母亲去世了，父亲早在 4 年前也去世了，我成了这个世上最贫穷的人。我挣了钱，想给他们，他们收不到了；买了大房子，他们也住不进去了；我工作再好，对他们也没有意义了。所以，随后的一段时间里，我失去了人生的方向。

母亲去世一百天左右，领导派我去太原出差调研，任务完成后，还要从太原乘飞机去南宁。当时不知道太原至南宁的航班是隔天一班，所以当我们准备离开太原的那一天，恰好没有飞南宁的航班。没有办法，只好等第二天晚上的航班去南宁。这样就有了一天的空闲时间，没有工作安排，有人建议我去五台山，我没有反对。

到了五台山，在从显通寺通往菩萨顶的路上，我边走边看风景，一位出家人把我叫住，他说："你停一下，我给你说几句话"。我停了下来。在这位出家人面前，直至我最后离开，我总共没有说几句话。父母都去世了，这个世界上已经没有值得我牵挂的事了。他却一口气讲了我十多件过去发生的事，都符合我的实际。他的最后一段话，深深地震撼了我的心灵。他告诉我："父母不在了，尽孝道的方法是把这种孝心回报给国家和社会。你做得好，你的父母在九泉之下是知道的，他们会为你高兴；你做得不好，他们也是知道的，会为你羞愧。"

离开五台山之后，我的心境变了，变得更加积极和阳光。时至今日，我常常想起那位一面之缘的师父，是他让我懂得了"小孝孝亲，大孝孝民"的道理，可以把这种孝心扩大到全社会，为国家、为人民作出自己的贡献。

有人可能会问，为什么要把这种孝心服务于社会，这样做又能有什么好处？我们总是习惯用这种方式来思考问题。历史的经验可以告诉我们答案。

公职人员一定要尽职尽责。范仲淹①是一位杰出的典范，他

---

① 范仲淹（989～1052），北宋著名的思想家、政治家、军事家、文学家。范仲淹幼年丧父，母亲改嫁长山朱氏，遂更名朱说。大中祥符八年（1015年），范仲淹苦读及第，授广德军司理参军，迎母归养，改回本名，后历任兴化县令、秘阁校理、陈州通判、苏州知州等职，因秉公直言屡遭贬斥。庆历三年（1043年），出任参知政事，提出十项改革措施。皇祐四年（1052年），改知颍州，范仲淹扶疾上任，行至徐州，与世长辞，享年六十四岁，谥号文正，世称范文正公。范仲淹政绩卓著，文学成就突出，他倡导的"先天下之忧而忧，后天下之乐而乐"思想和仁人志士节操，对后世影响深远。

在各地做官留下了很多至今被老百姓传扬的事迹。中国历史上的第一大家族是孔家，第二大家族就是范家，绵延千年不绝，拥有巨大的财富、名望和地位。他的家族为什么这么兴盛？因为他为子孙积下无尽的阴德和福德。

范仲淹在江苏泰州做盐官的时候，向朝廷提出沿海岸线修建一条防洪堤，北起阜宁，南到启东，过去叫范公堤，今天叫204国道，江苏的老百姓至今都受益于他提出和主建的这项民生工程。

范仲淹不仅为后人留下很多优质工程，还培养了许多了不起的人才。张载①比范仲淹小20多岁，他非常仰慕范仲淹，到甘肃军营去投奔。经过一段时间的观察，范仲淹发现张载不是带兵打仗的料，但有研究学问的潜质，建议他赶快回内地好好做学问，一样可以为国家贡献力量。张载听从了范仲淹的建议回到内地，潜心研究学问，喊出"为天地立心，为生民立命，为往圣继绝学，为万世开太平"的豪言壮语。如果没有范仲淹这个伯乐，就很难有张载这一理学创始人的出现。范仲淹可谓是公职人员尽职尽责的典范。

大家如果有机会去杭州，在西湖边，你一定可以看到漂亮的白堤，风景怡人的苏堤，以及三潭印月的美丽画面。白堤是白居易②任杭州刺史时主持修建，苏堤是苏东坡③任杭州刺史时主持

---

① 张载（1020～1078），北宋哲学家，理学创始人之一，程颢、程颐的表叔，理学支脉——关学创始人，封先贤，奉祀孔庙西庑第38位。其庙庭与周敦颐庙、邵雍庙、程颐庙、程颢庙合称"北宋五子"庙。祖籍大梁（今开封），徙家凤翔郿县（今宝鸡眉县）横渠镇，人称横渠先生。

② 白居易（772～846），唐代伟大的现实主义诗人，官至翰林学士、左赞善大夫，有《白氏长庆集》传世，代表诗作有《长恨歌》《卖炭翁》《琵琶行》等。

③ 苏轼（1037～1101），宋代文学最高成就的代表人物。嘉祐（宋仁宗年号，1056～1063）进士。其诗题材广阔，清新豪健，善用夸张比喻，独具风格，与黄庭坚并称"苏黄"。词开豪放一派，与辛弃疾并称"苏辛"。又工书画。有《东坡七集》《东坡易传》《东坡乐府》等。

修建，西湖中三个露出水面像石塔一样的标志建筑，是苏东坡带领工匠建造的，意在告诉老百姓不得进入三塔之内的水域捕鱼或养菱角。这些都是古人为我们留下、经得起历史检验、至今都能造福后人的政绩工程。

当然，我们今天也有很多优秀的官员值得永远缅怀。山西省朔州市右玉县，是生态环境非常优美的一个地方。新中国成立后，第一任县委书记提出："右玉要想富，就得风沙住。要想风沙住，就得多栽树。要想家家富，每人十棵树"。这样一个很简单的执政理念，随后17任县委书记坚定不移、持之以恒地干一件事栽树。由于栽树没有政绩，18任县委书记没有一个被提拔，但是右玉县的老百姓把18个人的名字刻在了石碑上，让后人永远记住他们的功绩。

很多人做事情都喜欢追求回报，有人曾问我，我们天天累死累活的，尽职尽责有什么好处？我告诉他说，如果你真正懂得了尽职尽责的益处，你就没有任何怨言了，你的心里就不会不平衡了。

一个人能吃皇粮，当国家干部，自古至今都是光宗耀祖的事。古人讲："公门里面好修行"，意思是说，当官容易做善事。一个县长出台一项好政策，将会有数十万人受益。如果你只是一个普通的老百姓，做一件善事，可能只有一个人受益，积德行善的力量比较小。

积德行善有什么好处？司马光①讲，留金银给子孙，子孙未必能守；留诗书给子孙，子孙未必能读；只有给子孙积阴德，才

---

① 司马光（1019～1086），字君实，北宋政治家、史学家、文学家。为人温良谦恭、刚正不阿；做事用功刻苦、勤奋。以"日力不足，继之以夜"自诩，其人格堪称儒学教化下的典范，历来受人景仰。

能在冥冥之中护佑他们平安幸福。我们表面上是为人民服务，实质是为自己服务，为自己的子孙服务。如果你明白了这个道理，就一定会以最积极的心态去尽职尽责。

2. 避祸增福

在我很小的时候，父母就反复教育我，不是自己的东西绝对不能要。只有真正属于自己的东西，才能带回家中。不是自己的东西，即便带回家里，也是守不住的，早晚会溜走的。这是老祖先留给我们的避祸增福之道。可惜的是，很多人不入心，当做耳旁风。

白岩松在《幸福了吗》一书中写道："15 年前在上海，我采访了当时意气风发的中国银行上海分行行长刘金宝。我问了他一个问题：'对于一个男人来说，权、钱、名都是有力量的东西，你更喜欢哪一个？'刘金宝爽快地回答：'我喜欢权力。权、钱、名这些东西都是中性的，不好也不坏，看在谁手里。你不觉得让它在有理想的人手里更好吗？'"①

2003 年 5 月，刘金宝于北京被捕，当时已是中银香港副董事长兼总裁。2005 年 8 月 12 日，他因贪污罪被判处死刑，缓期两年执行。对于刘金宝的最终结局，白岩松陷入了深思："刘金宝一夜之间，权力、财富都瞬间消失，名声还在，方向已是不同。他用自己的人生告诉我们：对一个巨大的挑战性问题，回答正确与行动正确并不是一回事"。人生天天有考验，世上的人啊，当你拥有权力、财富、名望、地位之时，你准备好如何应对考验了吗？

2009 年 7 月 15 日，中石化的原负责人陈同海被判处死刑，缓期两年执行。在审讯陈同海的时候，办案人员问了他一个问

---

① 白岩松著：《幸福了吗》，湖北长江传媒数字出版有限公司 2010 年版。

题："你为什么平均每天都要花 4 万块钱以后，才能睡着觉？"陈同海每年的职务消费高达 1000 多万元，陈同海回答说："每月交际（公款吃喝玩乐）一二百万算什么，公司 1 年上缴税款 200 多亿元，不会花钱，就不会赚钱。"

这是陈同海最愚蠢的地方，中石化每年给国家贡献的税款，不是靠陈同海个人的智慧和能力，而是靠垄断地位获得的。换句话说，他不当总经理，换你去干，也能贡献几百个亿。但是，一天 4 万元，是他消费的。实际上，他也没有消费国家的钱。进监狱以后，把家给抄了，国家的钱都回来了。他消费的是自己未来30 年的钱，而且快速地花完了。没有钱了，怎么办？去监狱赎罪去！这是不能明公明私的典型案例。

清朝有一位官员，名叫张伯行①，曾写过一篇拒贿檄文，讲明了公私之间的关系："一丝一料，我之名节；一厘一毫，民之膏脂。宽一分，民受赐不止一分；取一文，我为人不值一文。谁云交际之常，廉耻实伤，倘非不义之财，此物何来？"雍正年间有一位官员，名叫叶存仁②，有一次他离任升迁，幕僚派船送行，但是船只迟迟不启程。直到半夜时分，才见另一艘小船划过来。原来他的幕僚为他带来了礼品，为避人耳目，特意在深夜送来。叶存仁看到这一景象，回到船舱写下了四句拒贿诗："月白清风夜半时，扁舟相送故迟迟。感恩情重还君赠，不畏人知畏己知"。

上面两位古人，可谓是真正有大智慧之人，明晓消灾避祸的道理，也真正落实到了自己的工作生活中去。"不畏人知畏己知"，我不害怕别人知道，却非常害怕自己知道这个钱财不能要，

---

① 张伯行（1651～1725），河南仪封（今河南兰考）人，康熙二十四年（1685年）进士，累官至礼部尚书。历官二十余年，以清廉刚直称，其政绩在福建及江苏最为著名，康熙称誉其为"天下清官第一"。

② 叶存仁（1710～1764），字心一，号墨村，清代官员，江夏（今武汉市武昌）人。

这是明公明私的成功典范。

无论是公款，还是私钱，都要节约，不能浪费。因为，每个人的福报，都像厕所里的卫生纸，没事的时候尽量少扯，扯着扯着就没了，节约是最好的方法。但是，今天社会上也存在"富人一顿酒，穷人半年粮"的现实，和古代"朱门酒肉丑，路有冻死骨"实际上是一样的。

为什么要惜财惜福？韩非子①在《解老篇》里讲得非常透彻："人有福则富贵至，富贵至则衣食美，衣食美则骄心生，骄心生则行辟邪，行辟邪则身死夭，动弃理则无成功"，这时福变成了祸；有了祸以后，心生畏惧，"心畏惧则行端直，行端直则思虑熟，思虑熟则得事理，行端直则无祸害，无祸害可尽天年，得事理则必成功"，这是转祸为福。我们很多凡夫俗子，就是在祸福之间转来转去。如果你懂得惜财惜福，可以避祸增福，添吉近祥，就可以跳出祸患，永享福慧。

公职人员不仅要明公明私、惜财惜福，还要善言善行。曾经在潍坊担任县令的郑板桥②写过一首诗："衙斋卧听萧萧竹，疑是民间疾苦声。些小吾曹州县吏，一枝一叶总关情。"这首诗写出了关心关爱社会、甘愿付出奉献的高尚情怀，值得我们每一个人认真学习。

2012 年夏天，我在财政部党校进修班学习，在中央档案馆我看到了周恩来总理书写的"人民英雄永垂不朽" 8 个大字。工作

---

① 韩非（约前280～前233），战国末期著名思想家，法家代表人物，荀子的学生，因遭李斯等人的嫉妒，最终被下狱毒死。著有《韩非子》一书，共五十五篇，十余万字。

② 郑板桥（1693～1765），乾隆元年（1736）进士。官山东范县、潍县县令，有政声"以岁饥为民请赈，忤大吏，遂乞病归"。做官前后，均居扬州，以书画营生，为"扬州八怪"之一，是清代比较有代表性的文人画家。

人员告诉我们，新中国成立后毛泽东主席委托周恩来总理书写人民英雄纪念碑上的题字和题词。周恩来总理认为，这是一件非常严肃的事，沐浴更衣斋戒三天，练习了若干遍，精益求精，把最好的那一幅字交给了工作人员。虽然只是写 8 个字，但他面对的是数千万为了民族独立和新中国解放付出生命的英魂，他的善言善行是对烈士们的一种尊重。

吴波[①]老部长，新中国成立以后任财政部办公厅主任，1951年任财政部副部长，1979 年任财政部部长，1980 年 8 月辞职，他是新中国历史上唯一一个主动辞职的财政部部长。2005 年去世前，吴波老部长立下遗嘱，把财政部分给他的两套住房在去世之后全部上交财政部，所有现金上交财政部机关党委作为党费，这是老一辈革命家高风亮节、善言善行的极佳表现。品读这些故事，可以让我们学到避祸增福的智慧。

3. 反求诸己

2010 年秋天，我熟悉的一个人被抓入狱。他出事后，我打听另外一位朋友才知道，他有婚外情，而且还生了一个孩子。但是这位朋友敢做不敢当，婚外情人去找他，要求他为孩子尽父亲的义务，他不敢去面对这个现实，始终在逃避。有一天，婚外情人到他的办公室，最后一次问他尽不尽义务，他仍然选择了逃避。这个女人绝望地走出他的办公室，在办公楼的拐角处喝下了毒药，死在了楼道里。没多久，这个朋友因涉嫌贪污进了监狱。

食色，性，是人的本能。在今天的社会上，很多人自以为有文化，懂科学，会技术，却不明事理，对待爱情、家庭失去了良

---

① 吴波（1906～2005），安徽省泾县人。1939 年 6 月参加革命工作，1941 年 9 月加入中国共产党，1979 年 8 月至 1980 年 8 月任国家财政部部长。2005 年 2 月 21 日在北京逝世，享年 99 岁。

知，步入了歧途与邪路。更有不少各色"人物"认为，有婚外情是地位、权势、财富的象征。对这个问题认识最清楚的，是二千多年前的孔圣人。孔子整理编辑《诗经》300篇，第一篇名叫《关雎》①，大家在中学语文课文中学过。可是很多人不知道，孔子把这首诗放在《诗经》首篇的良苦用心。

孔子提出人生在世有五个重要的社会关系——君臣、父子、兄弟、夫妻和朋友。这五伦里，排在第一位的是什么？孔子的本义，不是君臣，也不是父子，而是夫妻。因为没有夫妻，就不会有儿女，也不会有其他各种社会关系。孔圣人的伟大之处，就是指出夫妻关系是人道最重要的一重关系。

更重要的是，孔子通过《关雎》这首诗歌宣扬"乐而不淫、哀而不伤"的爱情观和家庭观。如果你喜欢一个人，求之不得，怎么办？"求之不得，寤寐思服。悠哉悠哉，辗转反侧"，得不到的时候，仅仅是彻夜难眠。得到了呢？是"琴瑟友之……钟鼓乐之"，过有文化的生活。

我们今天很多人是什么态度？得不到的时候，别人也甭想得到；得到以后呢？不珍惜，再去家庭外面找更年轻、更漂亮、更有钱、更有势的人。现如今，很多夫妻翻脸比翻书还快，一个短信、一个电话就能把一个家庭拆散。为什么会出现这种悲剧？因为爱情观、家庭观不正确。

古圣先贤曾讲："邪淫之事无廉无耻，极秽极恶，世人若能与邪淫关头不能彻底看破，则是以至高之德行，至大之安乐，以及子孙无穷之福荫，来生贞良之眷属，断送于俄顷之欢娱。哀

---

① 《国风·周南·关雎》：关关雎鸠，在河之洲。窈窕淑女，君子好逑。参差荇菜，左右流之。窈窕淑女，寤寐求之。求之不得，寤寐思服。悠哉悠哉，辗转反侧。参差荇菜，左右采之。窈窕淑女，琴瑟友之。参差荇菜，左右芼之。窈窕淑女，钟鼓乐之。

哉!"大家一定要仔细品读其中的深意，夫妻和睦，相互恩爱，忠贞不渝，将会得到"至高之德行，至大之安乐，子孙无穷之福荫，来生贞良之眷属"。否则，一定会失去这四样宝贝。

每一个人来到世间，都有很多追求，这本是人之常情。然而，我们还应该知道"君子有求，取之有道"，尤其要明了反求诸己才是实现各种愿望最好的办法。

吕蒙正①是宋朝的宰相，他的早年很不幸，在很小的时候，他和妈妈就被父亲抛弃了，没有生活来源，靠要饭为生。后来他考中了状元，当了宰相，写了一首《破窑赋》，回忆自己的经历，其中讲到："昔日，余在洛阳，日投僧院，夜宿寒窑，布衣不能遮体，淡粥不能充饥。上人憎，下人厌，皆言余之贱也。余曰：非吾贱也，乃时也，运也，命也。余及第登科，官至极品，位列三公。有挞百僚之杖，有斩鄙吝之剑，出则壮士执鞭，入则佳人捧袂。思衣有绫罗锦缎，思食有山珍海味。上人宠，下人拥，人皆仰慕。言余之贵也！余曰：非吾贵也，乃时也，运也，命也"。他最后得出结论："人生在世，富贵不可捧，贫贱不可欺，此乃天地循环，周而复始者也。"

吕蒙正为什么能够从贫寒登到极致，就是因为他贫穷的时候能够安于贫穷，富贵的时候能够安于富贵。他的侄子、孙子都官至宰相，这在历史上都是少有的。我们每个人都有梦想，会做梦，这没有什么特别的高明。会实现梦想，才是高明之人。

---

① 吕蒙正（944～1011），太平兴国二年（公元977年）丁丑科状元，后三次登上相位，封许国公，授太子太师。吕蒙正宽厚正直，对上有礼敢言，对下宽容有度。后辈多有名人，侄子吕夷简、侄孙吕公著官至宰相，八世孙吕祖谦、吕祖俭是南宋著名大儒。

孟子①在他的书里面讲过这么一段话："仁义忠信，乐善不倦，此天爵也；公卿大夫，此人爵也。"意思是说，我们每个人都有两个爵位，县长、局长职务，是人爵。除人爵以外，还有天爵，叫仁义忠信。大家都熟悉关羽这个人，你能说出他当过什么官职吗？你不一定能说清楚。我们为什么能记住他，不是因为他当过高官，而是因为他有仁义忠信。

李炳南②老师在《论语讲要》中告诉我们，很多人觉得自己很有才，不被重用，有牢骚，有意见，你最好不要有牢骚，也不要有意见，要真正明白事理，肯定不怨不忧。他说："学在自己，用由天命，学成而人不知，不得其用，天命也；有道而人不知，道不能行，天命也"，你不用生气，不用担忧，不怨不忧，天爵更为尊贵。懂得这个道理的人，都是反求诸己，绝对不去怨天尤人，最后往往都能事遂人愿。

中国五千年文明留给我们的儒释道三家文化，讲到最高的哲学层面，实际上都是相通的。儒家讲"反求诸己"，若人求有不得时，要从自身找原因，不要抱怨别人和社会。

道家讲"反者，道之动"，这句话在老子③《道德经》第40章。现在很多人只会做加法，不会做减法。我今年有 10 万元，希望明年 20 万元，后年 50 万元；我今年是科长，希望后年是副处长，再过几年是处长，常常是不停地在给自己做加法。如果你

① 孟子（公元前 372～公元前 289），是孔子之孙孔伋的再传弟子，战国时期伟大的思想家、教育家，与孔子并称"孔孟"，后世尊称为"亚圣"。其弟子及再传弟子将孟子的言行记录成《孟子》一书。

② 李炳南（1889～1986），号雪庐，山东济南人。25 岁任法政界，37 岁任山东莒县监狱典狱长，42 岁任至圣先师奉祀官府。1949 年随迁至中国台湾。著有《雪庐诗文集》《内经选要表解》等行世。

③ 老子，姓李名耳，中国古代伟大的哲学家和思想家，道家学派创始人，主张无为而治，其学说对中国哲学发展具有深刻影响。

能够找到求财求官的客观规律，按照规律的要求去做，那你这个加法一定能成功。如果违背客观规律的要求，在你做加法的同时，规律会在暗地里做相反的工作。有些领导干部当处长的时候平安无事，当到司长进监狱了，这就是客观规律做减法的典型案例。

佛家讲"放下"，很多人理解不了，我要的是拥有，你偏偏让我放下。我们每个人的一生，都面临着八种苦难。前四种是生、老、病、死，谁都逃不掉；还有四种苦难，有些人可能会遇到，也可能遇不到，一是爱别离，二是怨憎会，三是求不得，四是放不下。

什么叫爱别离？就是你喜欢谁，谁远在天边，你想和他说一句话，都要打国际长途。什么叫怨憎会？就是你讨厌谁，谁天天在你的眼前，不让你开心，这是一种苦。什么叫求不得？想当官得不到提拔，想发财穷困潦倒。什么叫放不下？得到了，有了一个亿，我是亿万富翁了，当了市长以后，我是厅级干部了，放不下，最后进了监狱，什么都放下了。

每个人自从一出生，来到这个世间，我们的手就开始抓东抓西，抓财抓权，直到离开这个世界，最后一口气用完，才真正地松开，结果一辈子什么也没有抓到。这就是不能反求诸己的必然结局。

结 语　财政的觉醒

　　2013 年 12 月底，我在赣州挂职工作结束返回北京后，于闲暇时阅览中、日、朝、韩千年史数百卷，读后久久不能平静，写下《读史感怀》一首，寄托忧思：

　　　　千年中倭史，一衣带血泪。三千朝韩土，亿万人成灰。

　　　　晚清权与贵，颠顶复愚昧。日寇铁马至，华夏江海悲。

　　　　莫嫌他人毒，只怨己力微。尤愤志气短，更恨官昏聩。

　　　　半世离乱火，兆民陷鬼魅。勿忘我国耻，先烈盼魂归！

　　二千多年以来，朝鲜半岛始终是东亚地缘政治变迁的角力场，在中国历史上留下深深的痕迹，迄今仍在影响着中国乃至世界。透过这片土地上的变化，聚焦李唐之盛①、朱明之衰②、满

---

　　① 武德元年（618 年），李渊建立唐朝，朝鲜半岛进入高丽、百济和新罗三国时代。贞观十八年（644 年）11 月，唐太宗率 10 万大军分海陆两路征讨高丽。贞观二十一年（647 年）3 月，第二次征讨高丽。贞观二十二年（648 年），第三次征讨高丽。显庆五年（660 年）3 月，唐高宗发 12 万大军讨伐百济、高丽。乾封三年（公元 668 年）11 月，唐灭百济，平定高丽，沦陷三四百年的辽东故土与朝鲜属地全部收复。

　　② 万历二十年（1592 年），日本丰臣秀吉出兵侵略朝鲜，在朝鲜李氏王朝的求援下，万历皇帝下令出兵。万历二十六年（1598 年）丰臣秀吉去世后，战争结束。

清之败①、甲午之殇②，可以为我们找到大国财政的觉醒之路，为未来提供有益镜鉴。

一、第一资源的衰竭

人是第一资源，是所有资源中最积极、最革命的力量。无论是历朝历代的兴盛，还是新旧时代的更替，都离不开人的作用。

19世纪上半叶，是中国历史上的大转折时期。在世运潜移之际，也酝酿着惊天动地的变化。当时，曾有人站在思想家的高度，有力地指出清王朝眼前的处境不是什么盛世，而是衰世，主张"一祖之法无不敝"，必须"豫师来姓"③，不要等待别人来取而代之。做出这种非常大胆的议论之人，是一个地主阶级的进步思想家兼文学家，也是中国近代维新思想的先驱者龚自珍。

清廷上下虽然也有许多大大小小的官员，可是他们都像哑巴一样，自己默不作声，也不让别人讲话。在这些人的眼中，龚自珍是一个不折不扣的异类，其惊世骇俗的思想，使他渐渐失去了活动的空间。道光十九年（1839年）4月23日，龚自珍弃官南归。当他渡过长江抵达镇江时，心情异常激动，挥洒大笔淋漓酣

---

① 同治七年（1868年）日本明治维新之后开始强大。同治十三年（1874年）出兵中国台湾，随后吞并琉球，"日兵归国，行凯旋礼，进从道爵，盖自是益轻中国矣"（胡寄尘语）。光绪二年（1876年）日本入侵朝鲜，光绪二十年（1894年）发动日清战争，光绪二十六年（1900年）日本作为八国联军的主力侵占天津、北京。

② 光绪二十年（1894年）7月25日，日本袭沉清政府装载援兵赴朝鲜之高升号轮船。8月1日，中国对日本宣战。9月，日军攻平壤，叶志超等败走。海军提督丁汝昌率舰与日海军遇于大东沟迤南洋面，黄海之战爆发。随后，日军突破鸭绿江防线侵入盛京，10月攻入大连、旅顺。光绪二十年正月，日军攻陷威海卫，北洋海军覆灭。3月，日军攻陷澎湖。李鸿章在日本签订《马关条约》，承认朝鲜独立，割让辽东半岛、中国台湾和澎湖列岛，赔款二亿两白银，并许日本人在通商口岸制造货物。

③ 龚自珍著、刘逸生注，《己亥杂诗》，中华书局1980年版，第2页。

畅地写下28个字：

> 九州生气恃风雷，万马齐喑究可哀。
>
> 我劝天公重抖擞，不拘一格降人才。
>
> ——《己亥杂诗　第一二五首》

国家日益陷入危亡之中，龚自珍大声疾呼大风大雷的出现，扫荡一切污浊，打破一切桎梏，让社会上下呈现蓬勃生鲜的气象，让人才无限制地成长起来。但是，龚自珍的这种美好的理想，在那个时代是没有可能实现的。道光二十一年（1841年）农历九月二十六日，龚自珍在江苏云阳书院病亡。此时，中国近代百年屈辱的历史才刚刚开始。

1894年7月25日，日本海军在丰岛附近海面对北洋舰队实行海盗式袭击，高升号运兵船被击沉，除245人遇救获生外，其余871人全部壮烈殉国①。事后，清政府并未立即做出反应，直至8月1日才对日宣战。这中间的几天，清政府在幻想英国干预，因为日军击沉的高升号是英国商船，上挂英旗，系违犯国际公法，英国必不答应，而且英国正在联络俄、法、德、意等国合力令日本退兵，日本不敢不从。然而，清政府的幻想最终落空了，英国事实上成为日本的盟国，大力支持日本，以在东亚牵制俄国②。

平壤之战，是甲午战争期间中日两国陆军的一次决战。9月14日午夜日军向平壤发起了总攻。激战中，左宝贵中弹牺牲。15日上午，日军虽然攻占了牡丹台和玄武门，但仍被阻止在内城之外，进攻连连受挫。此日之战，清军伤亡人数远少于日军。日军所携带的口粮及弹药已将告罄，在平壤城外冒雨露宿，处境极为

---

① 戚其章著：《甲午战争史》，上海人民出版社2014年版，第62页。

② 冯玮著：《日本通史》，上海社会科学院出版社2012年版，第452页。

困难。

　　但是，清军统帅叶志超却完全丧失信心，召集各统领商议战事，主张暂弃平壤，除马玉崑坚决反对之外，诸将皆无异议。当天夜里，叶志超密传各营，轻装持械，趁夜而退。是时大雨倾盆，清兵结队成群而出，被早已埋伏好的日军截击，"二三百步间，清兵人马尸体，累累如山，埋没道路，溪流为红"，清军在逃跑路上被击毙者达 1500 余人之多，683 人被俘。16 日拂晓，日军进入已无清军一兵一卒的平壤城，缴获各类大小口径炮 35 门，步骑连发枪 550 支，后膛单发枪及其他枪 610 支，炮弹 792 发，子弹 56 万发，行军帐篷 1092 顶，军用锅 354 口，各种粗细杂粮 4700 石，大车 156 辆，乘马及驮马 250 匹，金砖 43 公斤，金锭 53 公斤，银锭 540 公斤，以及火药、信管、纸币及其他物资无数①。

　　此后，类似平壤之战的经历在辽东、山东战场上无数次的重复上演。9 月 17 日，大东沟黄海海战中，济远管带方伯谦临阵退缩逃回旅顺，广甲管带吴敬荣也随之而逃，至中途触礁搁浅，纵火毁舰后登岸。10 月 24 日，日军进至鸭绿江防线安平河口，清军弃炮而逃。10 月 26 日，日军进入九连城，清军弃城而遁。27 日黎明，日军占领安东县城，清军已在夜间撤走。至此，数万重兵防守的鸭绿江防线全部崩溃②。11 月 7 日，日军攻至大连，除老龙头炮台稍作抵抗外，其余五个炮台全部弃守而走。11 月 17 日进犯旅顺，清军诸统领战守无策，只知一味求援，"经营十六年、糜巨金数千万"的旅顺口于 21 日上午全部陷落。12 月 12 日

---

　　①　戚其章著：《甲午战争史》，上海人民出版社 2014 年版，第 95~112 页。
　　②　鸭绿江防战结束后，日军缴获大炮 74 门、步枪 4401 支、炮弹 30684 颗、枪弹 4320661 颗、精米 2590 石、杂谷 2000 余石，以及马粮和其他杂物无数。参见桥本海关著：《清日战争实记》第 5 卷，第 225 页。

日军占领析木城，13 日占领海城，清军闻风即溃。1895 年 1 月 20 日，日军进犯荣成县，清军早已溃走。1 月 30 日，日本海军向刘公岛发起进攻，13 天后北洋海军全部覆没。

甲午战败是中华民族的奇耻大辱，纵有千万条理由，排在第一位的定属人才匮乏。期间，虽有邓世昌、左宝贵等英烈，但总体是战无战将、兵无勇兵、谋无大略、守无死心，反不如一些平头百姓"宁作中华断头魂，勿为倭奴屈膝人"，情愿慷慨赴死，令人可歌可泣！毫无疑问，甲午战败，是清廷人才组织体系的大溃败，是国家精英庸碌无能的总表演。与万历壬辰援朝战争、唐朝讨伐高丽战争相比，清朝第一资源的衰竭是显而易见的。直至晚清覆亡之时，未能涌现出万历时代的李如松、麻贵、陈璘、邓子龙、宋应星、袁黄等战将或谋略家，更没有李唐时期的李勣、刘仁轨、薛仁贵、苏定方等名存青史及令后人敬仰的军事家。

反观日本，则是另外一番景象。在倒幕运动中获得胜利的明治派治下，向往新式生产及生活方式的新生力量将老朽的封建官僚挤出历史的舞台，在全国推行文明开化、殖产兴业、富国强兵三策。1868 年创建大学及各类专科学校，讲授汉学、洋学、医学、法学、工学等，培养各类人才。1873 年，效仿法国建立陆军，效仿英国建立海军，并建立军校培养军事人才①。1889 年，学龄前儿童的入学率达到 64%，1906 年这一比率更是高达 98%②。推行全民教育，必然需要通过财政手段筹集相关资金，加剧了农民赋税负担，甚至导致"血税一揆"（农民起义）在全

---

① 19 世纪 90 年代初，明治天皇在伊藤博文策动下每年省"内廷之费"30 万日元作为海军经费，并要求大臣献 10% 薪俸用于海防，倾全国之力发展海军，使日本海军实力于甲午战争前夕赶上甚至超过北洋水师。

② 刘握宇：《扭曲的樱花》，载于《读书》2014 年第 12 期。

国纷起①。教育的普及造就了大批高素质的国民，下至普通技术工人，上到各级政府官员，大家既是教育体系的受惠者，又成为现代化的推动者。当然，这棵教育之树看似繁花似锦，但其根部却深植于虚妄的土壤之中，枝叶渐为毒汁浸润，最终走向军国主义的不归之路。

　　近代中日两国的较量，结果一比便知。晚清人才组织体系的溃败根源于社会流动性的僵化、阶层利益的固化和政治体系的朽烂。1842 年，魏源②完成 50 卷《海国图志》的撰述，希望国人通过这部书找到国家富强的出路。让他意想不到的是，此书刊行后却很少有人问津。据统计，当时国内有能力读此书的人大约 300 多万人，然而却很少有人认真领会书中的深刻内涵。相反，朝廷官吏的骂声扑面而来，他们无法接受书中对西方蛮夷的"赞美"之词，更有甚者主张将《海国图志》付之一炬，最终在国内的印刷数仅有千册左右。

　　1851 年，一艘中国商船驶入日本长崎港，日本海关例行检查时，从船上翻出 3 部《海国图志》。在日本人看来，这 3 部书简直就是天照大神送给他们的礼物。很快，这些书便被如获至宝的日本官员和学者买去。此后几年，《海国图志》不断"偷渡"日本。由于极受欢迎，1854 年日本人干脆在国内翻印，引起更大规模的阅读热潮。此后，《海国图志》在日本印刷了 15 版。到 1859 年，这部书的价格竟然比最初时飙升了 3 倍之多。

　　《海国图志》为日本维新变革人士擦亮了眼睛。维新思想家

---

①　冯玮著：《日本通史》，上海社会科学院出版社 2012 年版，第 409 页。

②　魏源（1794～1856），晚清思想家，新思想的倡导者、林则徐的好友，近代中国"睁眼看世界"的文人之一。魏源是道光二年举人，道光二十五年始成进士，官高邮知州，晚年弃官归隐，潜心佛学，法名承贯。1856 年 3 月 26 日病逝于杭州，《清史稿》有传。

佐久间象山①读后不禁拍案感慨："呜呼！我和魏源真可谓海外同志矣！"在魏源思想的引导下，他实现了从排斥西方人到学习西方人的重大思想变化。横井小楠②也是在读了《海国图志》后受到启发，与佐久间象山共同提出了日本"开国论"，走"东洋道德与西洋技术的结合"的发展之路。

无独有偶，黄遵宪的《日本国志》也遭遇了类似的经历。光绪三年（1877年），29岁的黄遵宪以参赞身份随何如璋出使日本。到东京后，他深感到日本明治维新以后发生的根本性变化，已绝非中国传统所蔑视的"岛夷""蕞尔小国"。从1878年开始，公务之余的时间，他几乎全都用来搜集资料，广泛接触日本社会各界，研究日本政治、社会、历史，特别是明治维新以来的变化，撰写了这部"条例精详、纲目备举、寄意深远"的著作，费时8年方告成功。

然而，此书成后，命运多舛。1888年秋，黄遵宪将书稿呈送李鸿章，希望"移送总署，以备查考"，推荐出版。李鸿章③将书稿连同黄遵宪禀文转至总理衙门，并作了推荐，但总理衙门并未理会李鸿章的推荐。半年过去，未闻音讯的黄遵宪心有不甘，

---

① 佐久间象山（1811~1864），日本江户末期思想家、兵法家，也是幕末年青武士的师长和楷模，他的洋学接受论（用什么方法来移植和研究西方科学文化）社会影响非常大。

② 横井小楠（1809~1869），日本熊本县人，提倡"学以致用""治国平天下"，主张开国通商，学习西方的先进科技和美国先进的政治制度。明治二年（1869）1月5日被刺身亡。

③ 李鸿章（1823~1901），清末重臣，洋务运动的主要领导人之一，淮军创始人和统帅。官至直隶总督兼北洋通商大臣，授文华殿大学士。李鸿章与曾国藩、左宗棠、张之洞，并称"晚清四大名臣"。

在 1889 年又将此书稿呈两广总督张之洞①。张之洞对此书稿高度评价并转送总理衙门。然而，此书仍未获总理衙门刊印，一直被束之高阁。

又等了半年有余，仍未得到任何消息。黄遵宪对官方刊印不再抱希望，转而寻求民间出版。1890 年年初，他将书稿交广州羊城富文斋书局由自己出资出版，但羊城富文斋书局也不甚重视此书，因此未将书稿付印。1894 年年末，甲午战争爆发，清军接连大败，此书才安排出版。光绪二十年（1895 年）《日本国志》终于艰难问世②。

黄遵宪的遭遇，其实反映了清王朝的命运。清王朝的悲剧在于，统治集团内有"先见"者总是作为异端受到排挤迫害，《海国图志》《瀛寰志略》《使西纪程》③《日本国志》莫不如此。国内不少史学家把康乾盛世称为中国历史上的黄金时代，但在一些西方学者的眼中，康乾时代根本不是黄金时代，而是专制黑暗时代④。乾隆六十年（1795 年）会试，各省上报 70 岁以上参加者122 人，其中 80 岁、90 岁以上实际参加会试并三场完竣者 92人，俱加赏赐⑤。乾隆皇帝借兴教尊老之名，行粉饰太平之实。那一年，英国瓦特改良的蒸汽机已经使用 10 年了，华盛顿在美国就任第一任总统（1789～1797 年），美国科学院成立已逾 15

---

① 张之洞（1837～1909），16 岁中顺天府解元，27 岁中进士第三名探花，授翰林院编修，历任教习、侍读、侍讲、内阁学士、山西巡抚、两广总督、湖广总督、两江总督（多次署理，从未实授）、军机大臣等职，官至体仁阁大学士。

② 雷颐：《"此书可抵银二万万两"：〈日本国志〉与晚清的"命运"》，载于《北京日报》2014 年 3 月 17 日。

③ 《使西纪程》的作者是首任清朝出使英国大臣兼驻法国大臣，主张学习西方科学技术和议会制度，受到上自庙堂、下至士子的"丛骂"，甚至于要烧毁他的住宅，死后还要掘坟焚尸。

④ 阎崇年著：《正说清朝十二帝》，中华书局 2014 年版，第 179 页。

⑤ 同上，第 190 页。

年，俄国莫斯科大学建成 40 年了。

乾隆之后的统治者，更是每况愈下。道光二十年（1840年），鸦片战争爆发，面对 4000 名英国侵略者，道光帝先是将林则徐革职并谪戍伊犁"自毁长城"，随后也没有调动全部兵力，更没有动员 4 亿民众，根本没有勇气进行持久战，成为中国两千年帝制史上第一个同外国入侵者签订丧权辱国条约的皇帝。失败并不可怕，可怕的是不从失败中汲取教训。道光皇帝仅仅以穿带补丁的裤子以示节俭[①]，拒不改革图新，捡了芝麻，丢了西瓜。

咸丰六年（1856 年），第二次鸦片战争爆发，咸丰帝没有积极抵抗，也没有派军队守卫天津塘沽海口，却在圆明园庆祝他的 30 岁寿辰，在大光明殿接受百官朝贺，并在同乐园连演 4 天庆寿大戏[②]。4 年后，英法联军进犯北京，咸丰帝带着老婆儿子、军机大臣、王公贵族逃到承德避暑山庄，寄情于声色，沉迷于美酒，还吸食鸦片，10 个月后在热河行宫一命呜呼。

光绪二十年（1894 年），甲午战争爆发，清廷对日宣战近 1 个月后，才委派威信扫地、难负众望的叶志超为诸军统帅，不仅为时过晚，而且极其不当，朝鲜战场的败局已然决定。战争期间，各项作战指令由北京的光绪帝直接发出，经驻天津的李鸿章转至前线作战部队，这一做法在二千年中国战争史上实属罕见。

1894 年 6 月，伟大的民主革命先行者孙中山上书李鸿章，要求实行"人能尽其才，地能尽其利，物能尽其用，货能尽其流"四大纲，结果自然是未得重视。同年 11 月 24 日，他在檀香山建立兴中会，大声疾呼"亟拯斯民于水火，切扶大厦之将倾"，并发出"振兴中华"的呐喊。《马关条约》签订后，孙中山深悉清

---

① 阎崇年著：《正说清朝十二帝》，中华书局 2014 年版，第 389 页。
② 同上，第 255 页。

朝统治已腐朽透顶，不可复振，便开始积极准备武装斗争。在面对列强入侵的严峻现实面前，体制内的力量解决不了，结果必然是旧体制的覆灭和体制外力量的崛起。于是，革命终于成为时代的主流。

二、第一生产力的停滞

科学技术是第一生产力[①]。在人类发展历史的长河中，中国在相当长的时间拥有相当大的技术优势。只是在近代，科技的进步停滞了，最终落后于西方工业化国家。

龙朔元年（660年），唐将苏定方、新罗武烈王率领的军队对百济发动猛攻。661年8月，倭国（日本）派兵出击新罗。663年，倭国又增兵27000人[②]，8月28日刘仁轨率领的唐朝水军航行至白江入海口加多津，遭遇近千只倭军战船。与唐军对阵的倭军42000人，此外还有5000名百济残军，总人数是唐军的3倍。海战在拂晓时分打响，午后结束，共有400余艘倭军战船化为灰烬，唐军毙杀倭军悍将秦造田来津及兵士万余人。来自九州的筑紫水师被唐军全歼，其统将筑紫君萨夜麻等被俘虏，8年后才离开大唐经熊津回到倭国[③]。

---

① 马克思主义认为，生产力由三个要素构成：劳动者、劳动工具和劳动对象（包括自然物经劳动加工后的原材料）。科学技术被劳动者掌握，便成为劳动的生产力；科学技术物化为劳动工具和劳动对象，就成为物质的生产力；科学技术为管理提供新理念、新方法和新手段，使生产力诸要素更有效地组成一个整体，从而使其最大限度地发挥作用。基于这些认识，邓小平同志1988年做出了"科学技术是第一生产力"的论断，开始实施科教兴国战略。详见邓小平同志1988年9月5日会见捷克斯洛伐克总统胡萨克时的谈话和1988年9月12日听取关于价格和工资改革初步方案汇报时的谈话。

② 冯玮著：《日本通史》，上海社会科学院出版社2012年版，第68页。

③ 柯胜雨著：《大唐帝国东亚战记》，山西人民出版社2014年版，第210页。

白江口一战犹如一记响雷，震动了整个东亚。那时的倭国还未开化，就想挑战大唐。42000名倭军中，统将有十来个，在国内都是平起平坐的地方国造、豪族，难以协调在一起。战船虽多，但大多是单一的小型船，排水量均在百吨上下，只能载百来个将士，航速低，海战时只有挨打、被击沉的份儿。

反观大唐水师战船，各种用途的战舰齐全，有水战大杀器楼船、轻型突击战船蒙冲斗舰和飞舸、全天候攻击舰海鹘船等。楼船高三层，可容纳近千人，船上列女墙、战栅，并有弓箭射击窗、长矛冲击口，还配备抛车、磊石、铁汁，远程攻击、近距离搏斗兼备。海鹘船头低尾高，前大后小，舷下左右两侧各有4~8块浮板，外形酷似一只飞掠而过的鹘鹰，适宜在恶劣的海洋环境中作战。蒙冲船身披上生牛皮，左右前后有箭口矛洞，速度快，防御能力强，也适用于突袭、侦查。斗舰，顾名思义就是战斗舰船，船上设女墙，墙下有船桨孔，船内建竹木栅，栅上又建女墙，形成梯式结构，划桨手躲在女墙内划桨，士卒站立在竹木栅、女墙上作战，是水面上近战的利器。走舸，船舷上立女墙，由于配备的划桨手多，载运的士卒少，在交战时通常挑选勇力精锐的士卒，组成海上突击队，适合搞偷袭、斩首行动。

兵力数量上唐军虽然远少于倭军，但是靠着战船装备上的极大优势，弥补了兵力上的劣势，足以确保唐军取得压倒性的胜利。白江口一战使倭国侵略朝鲜半岛之心，九百余年未敢复萌。此后，倭国走上了"全盘唐化"的道路，开始积极选派"遣唐使"，全方位学习唐朝的政治、经济和文化。

白江口战败之后，日本称霸东亚的野心并未完全熄灭。到16世纪后期，丰臣秀吉战胜了四国、北国、奥羽、关东及九州各地诸侯，统一了日本列岛，结束了持续百余年的战国时代。他以强劲的军事实力为后盾，萌发了吞并朝鲜、入侵中国的野心。万历二十年（1592 年）4 月，日本发动侵略朝鲜战争，史称壬辰倭乱。5 月 3 日占领汉城，6 月 14 日占领平壤，朝鲜八道几乎全部沦丧。在朝鲜不断请援的情况下，大明出兵援朝，历时 7 年，才将日本军队驱除出朝鲜。

究竟是什么力量，能够让日军在短短两个月的时间里，占领了朝鲜八道？丰臣秀吉之所以敢侵略朝鲜和挑战大明，一定程度上是因为他自认为有两项技术走在亚洲前列，一是铁炮制造[①]，二是筑城术。漫长的战国征伐，促使日本引进、创新源自欧洲的火枪技术，同时走上了一条军事化的筑城、守城和攻城路线。只是他没有料到，万历时期的明朝国力虽然比大唐时期衰落了很多，但其军队装备、战斗力及意志力仍然是亚洲第一。

那个时代的明军，和日军一样，正处于冷、热兵器更替的时代。日本重视火枪（"铁炮"）的研发，而大明对大炮情有独钟，不断开发各种型号的大口径火炮。大明骑兵虽然装备有弓箭和砍刀，但主要作战武器是火枪，又叫三眼铳，可以连发三记火铳。万历二十年 12 月 16 日，大明军队陆续渡过鸭绿江，骡马拖曳着各式火炮，炮口用稻草与布幔蒙住，有灭虏炮、大将军炮、虎蹲炮、佛朗机炮。大明的炮与日本人的炮不一样，威力和射程有天壤之别。后来的战争进展证明，明军的远程大炮成了日本人的噩梦。

海军方面，日本的正规军舰是关船，船体狭长，速度快；安宅船稍大，装配有 3 门铁炮；日本丸是总旗舰，甲板宽 10 米，

---

① 从装备来看，除传统冷兵器以外，朝鲜军队只有一千多挺自家生产的胜字铜火铳。这种火铳操作很不灵便，射速慢，容易炸膛，只能作为步兵的辅助。而日军最核心的部队是铁炮队，他们手中的新式火绳枪来自葡萄牙人，经过多年改良，已经超越了欧洲老师，操作简易，射程远、杀伤力大。此外，日军还配备了攻城用的大筒与石火矢等热兵器。与朝鲜人手里的旧货相比，形成了绝对的代差。

长约30米，比起大明福船只是个"小弟弟"，甚至不如李舜臣的龟船。在朝鲜，龟船最早在1413年就出现了，它是中国蒙冲斗舰的改版，以板屋船为基础，船上方与两侧用木板平盖遮挡，把船内裹得严严实实，远远望去，好像一只乌龟壳，故名龟船。李舜臣将古老的龟船改造成为长约35米、宽约11米、配备28门火炮的全新龟船①，给予日本海军毁灭性的打击。

万历二十一年1月8日清晨，明军对盘踞在平壤城的日军发起总攻。300多门大炮和火战车，远近交替，声势震天。平壤一战，日军损失兵力达9300多人，明军收复黄海、平安、京畿、江原四道，史称平壤大捷②。明军的胜利，首先是武器的胜利，大炮起了举足轻重的作用。明代由于社会经济的高度发达，热兵器得到了蓬勃发展，永乐年间（1403～1424年），明军专门组建了神机营（独立炮兵建制），地雷、水雷等爆炸性火器也相当发

---

① 朝鲜新式龟船用120毫米厚的木板做成拱顶，挡住船首板、船尾板、底板及肋骨，没有裸露在外的舷板，在外层木板上钉着许多锐利的尖刺和六角形的甲片防护，杜绝了敌人跳上甲板的威胁。内部是一个空旷的大棚间，左右船舷上是两道栏杆，栏头架上横梁，叫做驾龙。沿着横栏设有一个接一个的木牌，叫做偃防，高约1.28米。这里是主要的作战区域，左右各设12个炮口，船头还有两个炮口，船尾也有一个。在同一时期，日本最引以为豪的安宅巨舰上，也不过只装了3门炮而已。朝鲜龟船装备的武器有各式铳筒、蒺藜炮、大发火筒、铁弹丸、鸟铳、双管铳筒等。龟船舰首还有一个可以伸缩的龙头，可用于喷射硫黄气体。龙头里还有1门火炮，可在龟船贴近敌舰时抵近轰击。船头不是传统样式的减少海水阻力的锐角，而是一个宽大的平面，便于贴近敌舰抵近射击，还能在小范围内迅速掉头。龟船底层安放了两排共20支船桨，每橹4人，可以达到均速4节，全速7节。在朝倭海战中，龟船屡立奇功。

② 马伯庸、汗青著：《1592－1598中日决战朝鲜》（上册），山西人民出版社2013年版，第243页。

达①。正德年间利用欧洲技术制造的大型后装火炮无敌大将军炮，使用带炮弹壳的开花炮弹，1537 年装备达到 3800 门，有效射程 500 ~ 1000 米，发射散弹时一发炮弹带有 500 发子弹，可以封锁 60 米宽的正面。因为后膛装弹对铸造技术要求较高，清代时被渐渐淘汰，让位于比较简单的前装武器。

红夷大炮在明代后期从荷兰传入中国，在清朝进行了大量仿制。早在努尔哈赤开国初期，他就非常重视手工业生产，特别是军器、冶铸、火药等，对进入女真地区的工匠"欣然接待，厚给杂物，牛马亦给"。他曾说："有人以为东珠、金银为宝，那是什么宝呢！天寒时能穿吗？饥饿时能吃吗？收养能制造出国人所制造不出物品的工匠，才是真正之宝。"这些话语之中充满着远见卓识，只不过他的子孙们没有付出该付的努力，没有针对红夷大炮进行有效的技术革新，只是一味加大重量，以求增加射程，制造工艺远远落后于西方。自康熙时期以后，由于国家承平日久，统治者越发不重视武备，火器的发展渐趋停顿，以致鸦片战争时，清军仍然使用旧制火器。

19 世纪中叶是西方武器大换代时期，工业革命使得武器制造业使用动力机床对钢制火炮进行精加工，线膛炮和后装炮开始装备军队，同时因化学的进步，苦味酸炸药、无烟火药和雷汞开始运用于军事，炮弹的威力成倍增长。左宗棠曾有言："使当时有人留心及此，何至岛族纵横海上，数十年挟此傲我？"如果明代

---

① 据（明）王士翘撰《西关志》（1548 年序刻本）居庸卷记载：昌镇驻军武器主要有军器和神器两大类，军器有盔、甲、长枪、木挨牌、长木牌、斩马刀、撒袋、弓、弦、箭、攒竹长枪、腰刀；火器有神枪、大将军铁炮、二将军铁炮、大将军铜炮、小将军铜炮、神铳、大铜佛郎机、神炮、飞炮、铜铳、铁铳、马上佛郎机、神箭、铁宣风炮、缨子炮、铁佛郎机、铁三起炮、碗口炮、小神炮、铁蒺藜、九龙盘枪、铁鞭枪、火箭盘枪、子母炮、火箭等；车有偏厢车、骡驾、望车、元戎车、鼓车。

历史没有被清朝中断，中国近代史可能会是另外一种写法。

实际上，清朝并非像后世学者宣传的那样闭关锁国，工业革命的曙光也曾照耀到中华大地。清朝初年，顺治帝身边就有一位德国人汤若望，被任命为太常寺少卿，开创了西洋传教士掌管钦天监的先例。康熙二十七年（1688年）11月，康熙帝任命白晋、张诚等6位法国科学家担任自己的科学顾问，创建了蒙养斋算学馆（清朝皇家科学院），实施了中国地理大测绘（皇舆全览图），清宫内务府造办处可以制造手摇计算机、比例规、绘图仪、放大镜等科学仪器。

遗憾的是，康熙帝之吸纳西学，仅作为个人的兴趣和需要，没有像俄国彼得大帝一样再往前迈一步，使之成为国家政策、政府行为。更可惜的是，康熙朝以后的皇帝和大臣们对西方科学一个比一个缺乏兴趣。乾隆朝进入宫廷的法国科学家，如杨自新、蒋友任都是学有专长的科学家，但乾隆对科学一窍不通，他们也只能为皇帝制作机械钟表、西洋楼、大水法（人造喷泉）了①。乾隆五十八年（1793年）8月，以马戛尔尼为首的英国使团向乾隆帝进献了火枪、航海望远镜和战舰模型等礼品，却没有引起乾隆帝及其臣僚的丝毫警觉，就是这些坚船利炮最后毁灭了"天朝上国"的迷梦。

1894年，通过"明治维新"走向工业化道路的日本再次假道朝鲜侵略中国，终因晚清政府腐败无能而一败涂地。清兵数量虽然很大，但由于兵员素质差，战斗力极其低下，加之没有百姓的支持，所以在清日战争中几乎没有获胜的可能。在随后的半个世纪里，以中国为中心的东亚体系土崩瓦解，而日本的"大东亚"之梦在美国两颗原子弹爆炸声中破灭，1945年8月日本被美

---

① 阎崇年著：《正说清朝十二帝》，中华书局2014年版，第102页。

军占领，丰臣秀吉"中分朝鲜"的梦想①在美国人的手中终成现实。

中国自鸦片战争而起的百年屈辱史，无疑包含着第一生产力停滞带来的悲剧。明亡清兴之际，世界正酝酿着翻天覆地的变化，清醒者开始踏上工业化的现代轨道，懵懂者留在了农耕时代的"中世纪"。在中国走的最慢的 200 年间，英、美、德、日、法、俄、意等国跑步进入更发达、更高级的时代。军事科学技术是第一生产力中最先进的代表，是维护民族独立、国家安全、人民福祉的中坚力量。军事科学技术的停滞，必使举国遭受灭顶之灾！

三、第一推动力的失灵

制度是经济发展与社会进步的第一推动力。纵使天生英才、地涌宝器，但不为国家和社会所用，自然等同废物。宋高宗杀岳飞，崇祯帝杀袁崇焕，都是"自毁长城"的行为。先进的制度，必然能高效运用人才、技术、资金等各类资源；落后的制度，则成为阻碍社会发展的力量。

长期以来，中华民族在亚洲乃至全世界拥有非常大的制度优势。然而，在明亡清兴之后，清朝建立的八旗制度带领全国人民走向灾难的深渊。八旗制度"以旗统军，以旗统民"，平时耕田打猎，战时披甲上阵，以八旗为纽带，将全社会的军事、政治、经济、行政、司法和宗族联系在一起，是清朝的基本社会制度形

---

① 1593 年，丰臣秀吉抵挡不住前来援朝的明军攻势，提出了大明日本和平条件，试图将朝鲜八道中分，一半与日，一半与明，被明廷使者严正驳斥。和谈失败后，丰臣秀吉于 1597 年正月再次出兵朝鲜，战局惨然。1598 年丰臣秀吉病死，日军败退回国，其族未能与德川家康妥协，灭亡。

式。前世未有，后世也无。

八旗制度是努尔哈赤的一大创造，既播下了"康乾盛世"的种子，也埋下了"广宣哀世"的基因①。再有清代，旗人不从事农工商活动，而且还有活动范围等种种限制，不准随便离开本旗，在京的也不准随便离京。和皇室血缘亲近、地位崇隆的，当了王公大臣；地位低的，当了参领、佐领；最卑微的，也可以当一名旗兵。

清兵入关的时候，旗人中的男丁能骑善射、勇于征战。从顺治、康熙年间起，八旗官兵已出现追求享受、战斗意志衰退的倾向。在平定三藩的战争中，八旗军的主力地位被绿营兵所取代。雍正、乾隆年间，在柴达木之战、大小和卓之战、大小金川之战中，参战的八旗官兵数量有限，其中一些号称精锐的八旗部队的表现却不如绿营兵，昔日敢打敢冲的作风已不复存在。乾隆中期以后，以皇帝为首的统治阶层生活日益奢靡，官僚机构愈加腐败，颓风难挽的局面业已形成②。

就这样世代递嬗，在优渥的待遇滋润下，有的人名义上还是参领佐领，但实际上并不带兵；有的人名义是骁骑校，但已经不会骑马；由于子孙大量繁衍，每家每户的月钱不可能累进，粥少僧多，收入越摊越薄；旗兵的名额有限，也不可能随便入营，加上上层人物的贪污腐化，大吃空额，能够入营的旗兵更加有限。清朝末期，八旗军逐渐演变成专靠国家供养的社会救济组织，失去了起码的战斗能力。

---

① 阎崇年著：《正说清朝十二帝》，中华书局 2014 年版，第 4 页。
② 1799 年清军在镇压白莲教大起义时，曾一度把京营八旗中最精锐的健锐营和火器营派往前线，结果因军纪败坏，不听约束，未及投入战斗就被迫撤军回京。

　　不可否认，他们之中也有一些有识之士①，也觉得长年累月游手好闲、不事生产、坐吃山空不是办法，而后去学习手艺与技能。但这样的人，反而受到大多数旗人的冷眼，认为这是没出息的表现。所以就其压倒的多数而论，旗人大抵是游手好闲的，既忘了自谴，也忘了自励，终日里把聪明、能力、心思都用在蛐蛐罐子、鸽哨、干炸丸子等微不足道的事物之中，对天下大势、国家治理茫然无知。这类人物去当参领、佐领以至更大的官职，自然没有办法不把事情弄糟。

　　在鸦片战争两年多时间里，清廷调动了十多万军队，先后有一名总督（裕谦）、两名提督（关天培、陈化成）、七名总兵（张朝发、祥福、江继芸、郑国鸿、王锡朋、葛云飞、谢朝恩）、两名都统（海龄、长喜），以及数千名士兵死于战争，但英国远征军的战死人数据英方统计却不足百人②。待至太平天国兵火烽起，最终是依靠曾国藩、李鸿章等汉人的军队撑扶住将倾的"大厦"。在外患频仍、内忧不断的清末70年间，90万常备军中能写入史书、值得后人敬仰的清朝英雄寥若晨星。在严酷的事实面前，清廷不得不搁起这支老队伍，另行去编练新军。而编练新军，又没法阻止具有进步思想的青年前来参加，起义新军终于构成了声势浩大的革命军的洪流，成为清朝的埋葬人。

_____

　　①　老舍先生是满族旗人，他在《正红旗下》写道："按照我们的佐领制度，旗人是没有什么自由的，不准随便离开本旗，随便出京；尽管可以去学手艺，可是难免受人家的轻视。他应该去当兵，骑马射箭，保卫大清皇朝。可是旗族人口越来越多，而骑兵的数目是有定额的。于是，老大老二也许补上缺，吃上粮钱，而老三老四就只好赋闲。这样，一家子若有几个白丁，生活就不能不越来越困难。这种制度曾经扫南荡北，打下天下；这种制度可也逐渐使旗人失去自由，失去自信，还有多少人终身失业。"

　　②　陈旭麓著：《近代中国社会的新陈代谢》，中国人民大学出版社2012年版，第54页。

仅仅两百年的时间，中国从亚洲的领导者直线下跌至任人宰割的地步，随后遭受了长达百年、亘古未有的奇耻大辱。即便是在明末时期，中国也从未如此的衰弱不堪。在万历年间抗倭援朝战争中，涌现出一大批战斗英雄，大明第一次援朝军总司令李如松就是其中杰出的代表。李如松出生于将军世家，其父李成梁是万历第一名将、雄踞北方防线二十余年。李成梁育有9个儿子，出了5个总兵和4个参将，一家足足10员大将。

万历二十一年1月26日深夜，李如松率军抵达坡州，驻扎在马山馆，他立刻命令查大受和高彦伯带兵向汉城方向侦探，李宁、孙守廉、祖承训3人尾随其后，总兵力3000人。李如松之所以如此急迫地派出前锋，是因为他收到了"日军撤离汉城"的情报，试图快速拿下汉城。事后他才知道，这个情报错得离谱，4万日军主力不仅在汉城，而且在他派出前哨部队的同时，日军也派出队伍向明军方向侦探。27日清晨7点左右，查大受前锋在碧蹄馆与日军遭遇，一场大战随即拉开。此时，李如松带着十来个家丁正疾驰在前往碧蹄馆的路上。战斗在下午时分结束，明军阵亡1000余人，首先撤出了阵地，日军折损10余名将领及5000多兵力，退回汉城。

战后的李如松大哭一场，他为牺牲在碧蹄馆的那些多年跟随他及他父亲的家丁们而哭，为牺牲的明军将士而哭，为自己的愚蠢决策而哭。碧蹄馆一战使明军3000兵力被4万日军包围，血战肉搏大半天方得脱身。关于此次战役，日方《黑田家记》写道："如松兵有节制，进退自在。两雄相会，战甚苦，自巳至午。"[1] 3000明军即便是身陷绝境，激战中依然还是听号令而动，

---

① 马伯庸、汗青著：《1592—1598中日决战朝鲜》（上册），山西人民出版社2013年版，第290页。

进退自如，丝毫不乱，大明辽东军团将领们强悍的素质，让人惊叹不已。明军的战斗力从哪里来？从平时刻苦严格的训练中来，从将士团结一心中来，从科学合理的军事制度中来！

在大明抗倭援朝战争中，明军其实一直在以少打多，哪怕是最后决战阶段，日本兵力仍然比明军多1/3。万历二十六年11月23日，中朝联军与日本的最后一战——露梁海战结束，日本海军几乎全军覆没，余者狼狈逃归日本。7年侵朝战争让丰臣秀吉气病身死，而后德川家康击败丰臣旧部，建立德川幕府，同时彻底打消了在亚洲争霸的念头，采取了延续300年的闭关锁国政策。万历皇帝用实力维护了国家安全与亚洲地理政治格局的稳定。

明朝尚且不弱，更不用说唐朝了。那时的中国人，以强大的自信心傲视全球，以博大的胸怀容纳四方。历经太宗、高宗两朝的努力，唐军收复了丢失数百年的辽东故土，平定朝鲜半岛。从根本上讲，唐朝军力国力强盛的根本，在于建立了先进的制度。

贞观年间，唐太宗确立了权力分立、互相监督的政治制度，所有法令包括自己的旨意需门下省审查副署后方可生效发布；在廉政建设方面，他没有像朱元璋那样残酷肃贪，而是建立一个遵纪守法的中央领导班子，并通过地方长官选举及行政监督，及时预防官员犯错；在人才培养方面，将隋朝创立的科举制度进一步完善，在大力兴办学校、重视教育活动的基础上，削弱贵族世袭特权，为广大底层民众提供改变自身命运的出路，温彦博、戴胄、于志宁、魏征、张玄素等官员气正风廉，李勣、薛仁贵、阿史那思摩、执思失力、契苾何力、黑齿常之等将领勇谋兼备，如此才有太宗喜言"天下人才尽入朕彀矣"！

重温这段历史，我们不难明白，一个人不是凭真才实学与艰苦奋斗，而是凭血统关系与祖宗福荫，最后一定会腐烂得不成样子。这样的事情，该是清朝三祖（努尔哈赤、顺治、康熙）所始料不及的吧！早期的八旗将领，可以说生活相当艰苦。在沈阳故宫，金銮殿下的广场两旁分列着八座小殿宇似的建筑，那是八旗主帅进见努尔哈赤，入朝议事时的驻宿之处。那些房屋并不大，较之后期的王侯公卿的生活水准，也是相去很远的。

在这方面，率先进入工业化时代的西方诸列强的资产阶级精英们非常有先见之明。他们不是简单地把大量的财产付托给儿女，而是在给予后代优质教育的基础上，通过从事喜欢的工作来获取报酬，不让子女生活在"温室"之中。2001 年美国时任总统小布什决定取消遗产税，遭到了比尔·盖茨、巴菲特、索罗斯等 120 个超级富豪的联名反对，他们认为如果政府取消了遗产税，将会使后代躺在祖辈的财富上"睡懒觉"，用不了太久，美国就会沦落为二流国家。在这里，比尔·盖茨用心深远，从家庭想到了国家、民族的未来。

从勤勉、智慧及能力的角度来看，中华民族确实有太多值得自傲之处。然而，不幸的是，中国在最弱的时期遇到了最强的入侵者。近代大小列强之所以能够赢过中国，其实就在制度。制度的失灵，意味着国破家亡！此理，万世不易！

四、绝地新生与未来之鉴

清朝灭亡之后，中国的外患内忧依然深重。在最黑暗的日子里，13 名共产党人代表着全国 50 多名党员在嘉兴南湖的渔船上悄悄点燃了革命的火种。就是这一丝微弱的火光，带领中华民族从绝地走向新生。

鸦片战争以来，在外国入侵者的面前，中国人民从未停止过抗争。洋务革新未成，维新变法未成，义和团运动未成，辛亥革命颠覆了清政府的统治，但仍未换来民族独立与国家安宁。历史选择了中国共产党，最终迎来了中华民族的独立与富强。

中国共产党凭什么能取得成功？论钱财，不富有；论武器，不先进；论文化，学历却不高。然而，在晚清及民国治下"一盘散沙"的社会，却被中国共产党变成了"万众一心""众志成城"。

从诞生之日起，中国共产党的事业并非一帆风顺，而是苦难重重。仅1927年4月到1928年上半年，被蒋介石政府屠杀的共产党员、共青团员、工农群众等革命人士就达33.7万人；至1932年以前，达100万人以上。以至于国民党爱国将领陈铭枢在《"九一八"第四周年纪念感言》中写道："国民党为救党而屠杀了中国数百万有志有识的青年，这个损失是中国空前的损失，即使秦始皇之焚书坑儒亦必不至于此。"①

在死亡面前，共产党人夏明翰挥笔疾书，写下"砍头不要紧，只要主义真。杀了夏明翰，还有后来人"这首气壮山河的诗篇。中国共产党也确实不乏后来之人，在1927年下半年到1930年下半年，蒋介石与各路军阀混战的3年期间，工农红军快速发展到10万余人的队伍，并于1930年9月9日在瑞金建立了中华苏维埃共和国。

中华苏维埃共和国的安定与平静仅仅持续了4年，随后被迫开展的25000里长征，一扫甲午战争时期中国人的懦弱、麻木、贪生怕死，展现出来全新的精神面貌。这支衣衫褴褛、面带饥色的军队从中国南部出发时有8.6万人，到陕北时只剩下不到6000人，可正是这支军队，走出了农村包围城市的新路，打败了财大气粗、武装精良的蒋家军，赶走了所有外国入侵者，于1949年建立了强大的新生政权。

---

① 金一南著：《苦难辉煌》（上册），华艺出版社2010年版，第32页。

中国共产党之所以能取得全面成功的根源，是将近代以来的中国社会的重心从私的那一端推向公的另一端，始终如一地实践着为人民服务的宗旨。党的纲领和路线方针政策，完全以人民的利益为出发点，党的各级组织和广大党员、干部的行动是为人民谋利益。党除了工人阶级和最广大人民群众的利益，没有自己特殊的利益。党在任何时候都把群众利益放在第一位，同群众同甘共苦，保持最密切的联系。这种公而忘私的制度是凝聚人心、积聚力量的根本所在。

从形式上看，社会上的个人是分散的，生产中的科技也是分散的，社会制度很多时候都是支离破碎的。一个成功的国家，一定是用一种特殊的力量将分散的人才、技术乃至制度整合成更强大力量的"发动机"，共产党的力量就是公而忘私的宗旨，所以才有取之不尽的人才，才能最大限度地发挥一切可能获取到的科学技术的威力，最终形成持续发展、不断前进的先进制度。一个人一旦放下了自己，便收获了整个世界。政党、国家与民族，亦复如是。

新中国刚刚诞生不到一年，朝鲜半岛又一次爆发战争，成为东西方两大阵营对抗的前沿，中国在 1950 年 10 月 25 日正式卷入这场至今仍然没有签订和平协议的局部战争，最终将美国军队驱赶至三八线以南。在历时 3 年零 32 天的战争中，共有 183108 名中国将士牺牲在朝鲜战场上，在他们中间，还长眠着中华人民共和国领袖的长子毛岸英①。英烈们的鲜血没有白流，这一场战争

---

① 在明朝万历年间抗倭援朝战争中，数以万计的明军将士牺牲在朝鲜战场上。今天，距日本京都市丰国神社约 100 米处，有一个埋藏着大量朝鲜和明军将士耳鼻的坟茔，叫"耳鼻冢"。为统计对方战死者数量，丰臣秀吉命令日本军割下战死者的鼻子。7 年间，日军割取了朝鲜人鼻 185738 个，明朝人鼻 2914 个（大河内秀元：《朝鲜物语》）。

不仅挽回了中国人自 1840 年以来屡战屡败失尽的颜面，而且为民族复兴提供了重要的心理支撑。此战之后，日本一改过去之观念，开始正视中国并试探与中国建立邦交。

在西方国家的长期封锁以及美国的核威胁之下，新中国始终面临着巨大的生存压力。1951 年，法国科学院院长、诺贝尔奖获得者约里奥·居里传话给毛泽东："要反对核武器，自己就应该先拥有核武器"①。1955 年，国家决定全力研发自己的原子弹。苏联曾一度派专家支援中国，但赫鲁晓夫翻脸不认账，撕毁援华协议，撤走了所有苏联专家。中国核工业战线的广大职工奋发图强，攻克数千个技术难题，于 1964 年 10 月 16 日将原子核裂变的巨大火球和蘑菇云升上了戈壁荒漠。历史是如此的巧合，中国原子弹爆炸成功之日，正是赫鲁晓夫被赶下台之时。

自新中国建立至今，中华民族从站立起来、立稳脚跟到逐渐强大，依然未能全部消解近代百年屈辱史遗留给世人的诸多难题。第二次世界大战结束后形成的东亚新体制、世界新格局，从更宽、更深、更广的领域向中华民族提出种种挑战，亟待我们认真总结近代中国"大衰败"与"大动荡"的历史教训，推动与加快实现当代及未来中国的"大发展"与"大繁荣"。

回望历史，以"华夷秩序""朝贡体系""宗藩体制"为特征的前近代东亚规则，建立在东亚各国与中国之间所存在的"三

---

① 2014 年乌克兰陷入战乱与分裂，这一悲剧的形成是约里奥·居里反核理论的又一有力实证。乌克兰曾是世界第三核大国，仅次于美国和俄罗斯，境内 SS－19 和 SS－24 洲际核导弹发射井分别为 130 个和 46 个，Tu－95S 和 Tu－160 战略轰炸机分别为 25 架和 19 架，核弹头总计 1300 多枚。苏联解体后，基辅决定弃核。1996 年 7 月之前，所有核弹头均被运往俄罗斯，在俄罗斯加工成核电站使用的核燃料后，再运回乌克兰。所有核导弹发射井在 2001 年 4 月之前均被销毁。当时西方国家和俄罗斯对乌克兰弃核给予高度评价。可是，乌克兰国土接连被俄罗斯肢解，发现西方国家允诺提供的安全保障，全然无济于事，为时晚矣。

大落差"("文—野"、"中—边"和"强—弱")的前提下。未来东亚及世界体制之演变及中华民族之发展，必须且只能建立在中国超越欧美日俄诸国的前提下，建立在充沛的第一资源、先进的第一生产力和持久的第一推动力的基础之上。除此，无他途。

现代化的国家呼唤现代化的财政，财政的现代化助力国家的现代化。现在中国虽然已经成为世界第二大经济体，但人均 GDP世界排名 100 位左右，不到世界平均水平的一半；按照每人每天1 美元的联合国标准，中国仍有 1.5 亿贫困人口。即便是在最发达的广东省，也存在着经济发展不平衡、社会事业欠发达、宏观调控不足、区域间财力不均、县域财力基础薄弱等问题。就大部分省区而言，虽然已经进入第二次现代化的历史进程①，但前方的路途依然还很遥远。

财政的力量，如涓涓细流滋润山川，也如滔滔江河涤荡污浊。具体的收收支支，看似微不足道，但却能成为黏合第一资源、第一生产力、第一推动力的重要介质。我们不难想象，如果庞大的政府财力处于无组织、无制度的运行状态，后果将是何等的可怕？！如果财政部门只是事后的账房先生，不是战略与政策的引领者，不能走在实践的前面，结局将是何等的被动？！以先进的理论指导财政治理，以改革的手段完善财政体系，以制度的现代化保障财政绩效，这不仅是财政改革过程中要始终把握的重要原则，也是构建现代财政制度的必由之路。

---

① 中国科学院中国现代化研究中心在《中国现代化报告 2011——现代化科学概论》提出："目前，中国居发展中国家中间水平，处于第一次现代化的成熟期，有些地区已进入第二次现代化，多数地区尚处于第一次现代化。为迎头赶上 21 世纪后期的世界先进水平，中国未来的战略选择可分'四步走'：一是完成第一次现代化，进入第二次现代化，世界排名进入前 60 名；二是达到中等发达水平，世界排名进入前 40 名；三是达到世界先进水平，世界排名进入前 20 名；四是达到世界前列，世界排名进入前10 名。"

财政是一门高尚的学问，它与每个人、所有家庭及整个国家都息息相关。学它，可以为己谋利，更能为国积福；读它，当顿息私念，升腾公心。说到底，财政是一门治国之学。财政的成功，不是简单的表现在财政收支规模的增长上，而是深潜于国家人才、科技、制度的进步之中。历史已经为财政这个国家治理的基础与支柱做了最好的注脚。

前事不忘，后事之师！

主要参考文献

［1］马克思：《资本论》（第 1～3 卷），人民出版社 1975 年版。

［2］毛泽东：《毛泽东选集》（第 1～4 卷），人民出版社 1964 年版。

［3］邓小平：《邓小平文选》（第 1～3 卷），人民出版社 1989 年版。

［4］习近平：《习近平谈治国理政》，外文出版社 2014 年版。

［5］朱镕基：《朱镕基讲话实录》，人民出版社 2011 年版。

［6］项怀诚：《中国财政管理》，中国财政经济出版社 2001 年版。

［7］楼继伟：《中国政府间财政关系再思考》，中国财政经济出版社 2013 年版。

［8］鲁昕：《准预算管理论》，中国财政经济出版社 1996 年版。

［9］张通：《中国公共支出管理与改革》，经济科学出版社 2010 年版。

［10］陈共：《财政学》（第 4 版），中国人民大学出版社 2004 年版。

［11］黄达：《金融学》（第 3 版），中国人民大学出版社 2013 年版。

［12］马寅初：《财政学与中国财政：理论与现实》，商务印书馆 2001 年版。

［13］邱华炳：《国库运作与管理》，厦门大学出版社 2001 年版。

［14］马骏：《中国公共预算改革：理性化与民主化》，中央编译局出版社 2005 年版。

［15］苟燕楠、董静：《公共预算决策——现代观点》，中国财政经济出版社 2004 年版。

［16］财政部课题组：《英国财政制度》，中国财政经济出版社 1998 年版。

［17］财政部课题组：《美国财政制度》，中国财政经济出版社 1998 年版。

［18］财政部课题组：《日本财政制度》，中国财政经济出版社 1998 年版。

［19］黄仁宇：《万历十五年》，生活·读书·新知三联书店 1997

年版。

［20］郭成康等：《康乾盛世历史报告》，中国言实出版社 2002 年版。

［21］王绍光： 《美国进步时代的启示》，中国财政经济出版社 2002 版。

［22］H.N 沙伊贝、H.G 瓦特、H.U 福克纳：《近百年美国经济史》（第 9 版），中国社会科学出版社 1983 年版。

［23］约翰·F·沃克、哈罗德·G·瓦特：《美国大政府的兴起》，重庆出版社 2001 年版。

［24］波斯坦等：《剑桥欧洲经济史》 （第 7 卷），经济科学出版社 2004 年版。

［25］金德尔伯格：《疯狂、惊恐和崩溃：金融危机史》，中国金融出版社 2007 年版。

［26］国际货币基金组织：《财政透明度》，人民出版社 2001 年版。

［27］经济合作与发展组织：《比较预算》人民出版社 2001 年版。

［28］孙克姆·霍姆斯：《公共支出管理手册》，经济管理出版社 2002 年版。

［29］爱伦·鲁宾：《公共预算中的政治：收入与支出，借贷与平衡》，中国人民大学出版社 2001 年版。

［30］珍妮特·M·凯丽、威廉姆·C·瑞文巴克：《地方政府绩效预算》，上海财经大学出版社 2007 年版。

［31］阿尔弗雷德·D·钱德勒：《信息改变了美国：驱动国家转型的力量》，上海远东出版社 2008 年版。

［32］OECD：《中国公共支出面临的挑战：通往更有效和公平之路》，清华大学出版社 2006 年版。

［33］历年《中国统计年鉴》。

［34］历年《中国财政年鉴》。

［35］历年《中国税务年鉴》。